Learn German With Sto
10 Short Storie

2nd ed

First published on December 5th , 2016 as Kindle Edition

ISBN-13: 978-1540692924
ISBN-10: 1540692922

learnoutlive.com

Table of Contents

Introduction

Following their "Walzer in Wien", Dino and Elisabeth are off to Switzerland to visit extended family and enjoy some fresh mountain air but soon find themselves caught up between high--end expenses and a strange exercise in escape artistry.

While reveling in the beauty of Lake Zurich, the old city and the alpine view, Dino grapples with the incomprehensibility of the Swiss dialect and reveals a surprising aspect about his girlfriend's family.

Explore Zurich, learn about local customs and culture and improve your German effortlessly along the way!

~

This book is designed to help beginners make the leap from studying isolated words and phrases to reading (and enjoying) naturally flowing German texts.

Using simplified sentence structures and a very basic vocabulary, this collection of short stories is carefully crafted to allow even novice learners to appreciate and understand the intricacies of coherent German speech.

Each chapter comes with a complete German-English dictionary, with a special emphasis on collocative phrases (high frequency word combinations), short sentences and expressions.

By working with these "building blocks" instead of just single words, learners can accelerate their understanding and active usage of new material and make the learning process more fluid and fun.

TIP: *Boost your comprehension skills by listening to the official audiobook, narrated by the author.*

Get it on Audible, Apple Books, Google Play, as MP3 or on Compact Disc. For more information visit:
learnoutlive.com/zuerich-audio

How To Read This Book

Before we start, we should acknowledge that there will be many unknown words in the following stories and that there are, in fact, various ways to deal with this very common problem for language learners of all ages and stages.

1. If you want to get the most out of these stories, you'll have to establish some kind of *Lesefluss* (reading flow). You might be reading quickly or slowly, it doesn't matter — as long as you keep on reading and allow context and continuity to clear your questions.

2. Furthermore, important or difficult words (and short phrases) are appended to each chapter with an English translation for quick look-ups.

3. In addition to that we recommend using a good German-English online dictionary (such as dict.cc or dict.leo.org) on your computer or mobile device while reading the following stories.

1. Tante Vreni

Es war ein **lau**er Oktobertag. Elisabeth und ich **stand**en **vor** einer alten Villa mit einem großen Garten. Die **Blätter** der Bäume **leuchteten** gelb, rot und orange. Neben uns standen zwei **Koffer**.

Elisabeth **drückte** auf die **Klingel**. Wir **warteten**. Die Vögel **zwitscherten**. Sie klingelte **ein zweites**

Mal.

„**Vielleicht** ist sie nicht **zu Hause** …", sagte ich.

„**Quatsch**! Sie hat ‚zehn' gesagt", sagte Elisabeth. „Und es ist jetzt **genau fünf vor zehn**. Sie ist **eigentlich** immer sehr **pünktlich**."

„Mmh", sagte ich. „**Warum rufst du sie nicht einfach an?**"

Elisabeth **seufzte, nahm** ihr Telefon aus der Jackentasche und **wählte** eine Nummer.

Ich schaute mich um. Die Villa stand auf einem kleinen **Hang mit Blick auf** den blauen **Zürichsee**. Im **Hintergrund sah** ich die weißen **Gipfel** der Alpen. Wir waren **nicht weit von** der **Innenstadt entfernt**, aber es war sehr **still** hier.

„**Verdammt!**", rief Elisabeth und **starrte** auf ihr Telefon. „Mein **Guthaben** ist **leer**."

„**Gibt es** hier einen Kiosk **oder so etwas?**", fragte ich.

„Nein", sagte sie und **schüttelte** den **Kopf**. „Ich **kenne** die **Gegend** hier **sehr gut**."

„Hat sie vielleicht **vergessen**, dass wir kommen?",

sagte ich.

„Unsinn!", rief Elisabeth. „Sie ist vielleicht schon etwas älter, aber sie ist doch nicht dement! Gestern Abend am Bahnhof habe ich mit ihr telefoniert. Sie hat gesagt, sie freut sich auf unseren Besuch."

Es war eine lange Zugfahrt gewesen von Wien nach Zürich, ungefähr acht Stunden. Wir hatten einen Schlafwagen gebucht. Aber geschlafen hatten wir kaum. Denn das WLAN im Zug war sehr langsam. Und wir hatten die ganze Nacht erfolglos versucht, den Film *Der Dritte Mann* zu streamen.

Elisabeth rieb sich die Augen und sagte: „Und was sollen wir jetzt machen?"

„Im schlimmsten Fall gehen wir einfach in ein Hotel", sagte ich.

Sie presste die Lippen zusammen. „Ein Hotel? Mensch, Dino! Wir sind in Zürich! Hast du eine Ahnung, was das kostet?!"

Ich zuckte mit den Achseln. „Aber was ist die Alternative? Willst du im Freien schlafen?"

In dem Moment **hörten** wir **hinter** uns das Geräusch von **Autoreifen** auf dem **Kiesweg**. Elisabeth **drehte sich um** und rief: „Hey, da ist sie! Tante Vreni!"

Ein schwarzer BMW **parkte** vor der Villa und Elisabeths Tante **stieg aus dem Wagen**. Sie **trug** einen **weinroten Mantel** und **hochhackige Schuhe**. Auf ihrem **Kopf saß** eine **dunkelblaue Baskenmütze**.

„Lisbeth!", rief sie und **kam mit ausgebreiteten Armen auf** Elisabeth **zu**. Sie **umarmte** sie und küsste sie **dreimal** auf die **Wange**.

„Habt ihr lange **gewartet**?", fragte sie.

„Nein, nein", antwortete Elisabeth.

„Ich war gerade **beim Bäcker**", sagte Tante Vreni und **schaute auf die Uhr**. „Oh, es ist schon **drei nach! Das tut mir schrecklich leid!"**

„Schon gut", sagte Elisabeth und **warf mir einen Blick zu**. Dann **zeigte** sie **auf** mich und sagte: „Das ist **übrigens** Dino!"

„Grüezi!", sagte Tante Vreni. Ich **streckte meine**

Hand aus, aber sie küsste mich **ebenfalls** dreimal auf die Wange. Ihr **Parfüm roch nach Trockenblumen** und **Mundwasser**.

„Äh ... hallo!", sagte ich und **unterdrückte** einen Impuls, über meine Wange zu **wischen**.

„Dino kommt aus Sizilien", sagte Elisabeth.

„**Wirklich?**", sagte Tante Vreni zu mir. „Ich bin im Tessin **zur Schule gegangen!** *Come stai?*"

„Das ist in der italienischen **Schweiz**", erklärte Elisabeth.

„Ah", sagte ich. „**Natürlich.**"

„Mein Italienisch **war einmal ziemlich** gut", sagte Tante Vreni. „Aber ich habe sehr viel vergessen. **Leider.**"

„**Das macht nichts**", sagte Elisabeth. „Dino spricht sehr gut Deutsch."

„Aber kein *Schwiizerdüütsch*, **oder?**", sagte Tante Vreni und **lächelte**.

„Wie bitte?", sagte ich und **runzelte die Stirn.**

„**Schweizerdeutsch**", sagte Tante Vreni.

„Ah, äh ... nein", sagte ich. „Ist das ein Dialekt?"

„Für uns Schweizer ist es **viel mehr als** *nur* ein Dialekt!", sagte Tante Vreni. „Es ist **Teil** unserer **Identität!**"

„**Keine Sorge**", **flüsterte** Elisabeth. „Ich verstehe das **auch** kaum."

„Kommt, Kinder!", rief Tante Vreni und ging zur **Haustür**. „Ihr seid **bestimmt erschöpft!**"

Ich wischte über meine Wange, nahm meinen Koffer und wir **betrat**en die Villa.

~

lau: mild | **stand vor**: stood in front of | **Blätter**: leaves | **leuchtete**: glowed | **Koffer**: suitcase | **drückte**: pressed | **Klingel**: (door)bell | **wartete**: waited | **zwitscherte**: chirped | **ein zweites Mal**: a second time | **vielleicht**: perhaps | **zu Hause**: at home | **Quatsch!**: Nonsense! | **genau**: precisely | **fünf (Minuten) vor zehn**: five (minutes) to ten | **eigentlich**: usually | **pünktlich**: punctual | **Warum rufst du sie nicht an?**: Why don't you call her? | **einfach**: simply | **seufzte**: sighed | **nahm ... aus**: took ... out of | **Jackentasche**: jacket pocket | **wählte**: dialed | **Ich schaute mich um**: I looked around | **Hang**: hillside | **mit Blick auf**: in view of | **Zürichsee**: Lake Zurich | **Hintergrund**: background | **sah**: saw | **Gipfel**: peaks | **nicht weit von ... entfernt**: not far (away) from ... | **Innenstadt**: inner-city | **still**: silent | **Verdammt!**: Damn it! | **starrte**: stared | **Guthaben**: phone credit | **leer**: empty | **es gibt**: there is | **oder so etwas**: or something like that | **(sie) schüttelte den Kopf**: (she) shook her head | **ich kenne ... sehr gut**: I know ... very well | **Gegend**: area | **vergessen**: forgotten | **Unsinn!**: Nonsense! | **rief**: exclaimed | **schon etwas älter**: already a bit older | **Abend**: evening | **mit ihr telefoniert**: talked to her on the telephone | **sie freut sich auf ...**: she's looking forward to ... | **Besuch**: visit | **es war ... gewesen**: It had been ... | **lang**: long | **Zugfahrt**: train ride | **ungefähr**: about | **hatten ... gebucht**: had booked | **Schlafwagen**: sleeping car | **geschlafen**: slept | **kaum**: barely | **denn**: because | **WLAN**: Wi-Fi | **langsam**: slow | **ganz**: whole | **Nacht**: night | **erfolglos**: unsuccessfully |

versucht: tried | **(sie) rieb sich die Augen**: (she) rubbed her eyes | **Was sollen wir jetzt machen?**: What shall we do now? | **im schlimmsten Fall**: in the worst case | **presste**: pressed | **Lippen**: lips | **zusammen**: together | **Mensch!**: Jeez! | **Hast du eine Ahnung ...?**: Do you have an idea ...? | **kostet**: costs | **zuckte mit den Achseln**: shrugged | **Willst du ... ?**: Do you want to ...? | **im Freien**: outdoors | **hörte**: heard | **hinter**: behind | **Geräusch**: sound | **Autoreifen**: car tires | **Kiesweg**: gravel path | **drehte sich um**: turned around | **da**: there | **Tante**: aunt | **parkte**: parked | **stieg aus dem Wagen**: got out of the car | **trug**: wore | **weinrot**: wine-red | **Mantel**: coat | **hochhackig**: high-heeled | **Schuhe**: shoes | **Kopf**: head | **saß**: sat | **dunkelblau**: dark blue | **Baskenmütze**: beret | **kam auf ... zu**: came up to ... | **mit ausgebreiteten Armen**: with arms spread | **umarmte**: hugged | **küsste**: kissed | **dreimal**: three times | **Wange**: cheek | **gewartet**: waited | **beim Bäcker**: at the bakery | **schaute auf die Uhr**: looked at the watch | **drei (Minuten) nach**: three (minutes) past | **Das tut mir leid.**: I'm sorry. | **schrecklich**: terribly | **Schon gut.**: It's alright. | **warf mir einen Blick zu**: shot a glance at me | **zeigte auf**: pointed at | **übrigens**: by the way | **Grüezi!**: Hello! [Swiss German] | **streckte meine Hand aus**: extended my hand | **ebenfalls**: also | **Parfüm**: perfume | **roch nach**: smelled like | **Trockenblumen**: dried flowers | **Mundwasser**: mouthwash | **unterdrückte**: suppressed | **wischen**: wipe | **Wirklich?**: Really? | **zur Schule gegangen**: went to school | **Natürlich!**: Of course! | **Schweiz**: Switzerland | **war einmal**: used to be | **ziemlich**: quite | **leider**: unfortunately | **Das macht nichts.**: It doesn't matter. | **..., oder?**: ..., right? | **lächelte**: smiled | **runzelte die Stirn**: frowned | **Schweizerdeutsch**: Swiss German | **viel mehr als**: much more than | **nur**: only | **Teil**: part | **Identität**: identity | **Keine Sorge!**: Don't worry! | **flüsterte**: whispered | **auch**: also | **Haustür**: front door | **Ihr seid bestimmt ...**: You [pl.] must be ... | **erschöpft**: exhausted | **betrat**: entered

Übung

1. Elisabeth und Dino sind … nach Zürich gekommen.

a) mit dem Zug

b) mit dem Auto

c) mit dem Flugzeug

2. Sie haben … geschlafen.

a) sehr gut

b) kaum

c) sehr schlecht

3. Auf wen warten sie?

a) auf Elisabeths Onkel

b) auf Dinos Tante

c) auf Elisabeths Tante

4. Warum ruft Elisabeth ihre Tante nicht an?

a) Sie hat ihre Nummer nicht.

b) Ihr Guthaben ist leer.

c) Ihr Akku ist leer.

5. Elisabeth will nicht in ein Hotel gehen, weil ...

a) die Hotels in Zürich zu teuer sind

b) es nicht genug Hotels in Zürich gibt

c) die Hotels in Zürich zu klein sind

6. Tante Vreni trägt einen ...

a) dunkelblauen Mantel und eine weinrote Baskenmütze

b) schwarzen Mantel und eine dunkelblaue Baskenmütze

c) weinroten Mantel und eine dunkelblaue Baskenmütze

7. Ihr Italienisch ...

a) ist sehr gut

b) war einmal sehr gut

c) ist sehr schlecht

8. Für Tante Vreni ist Schweizerdeutsch ...

a) eine Fremdsprache

b) nur ein Dialekt

c) viel mehr als nur ein Dialekt

2. Chuchichäschtli

~

Wir **stellte**n unsere Koffer im **Flur ab**. Es roch
nach Vanille-**Duftkerzen** und **Desinfektionsmittel**.
Tante Vreni **führte uns** in das **Wohnzimmer**, ein
riesiger **Raum** mit **Kamin**, **Seeblick** und **Designer-
möbeln**. Der **Fußboden** war **blitzeblank**. An den
Wänden **hing**en ein paar abstrakte **Gemälde: Farb-**

kleckse und **Linien.**

Sie zeigte auf die Bilder und **redete wie ein Wasserfall,** aber **ich verstand nur Bahnhof.** War es der Dialekt? Elisabeth **schien** mehr zu verstehen als ich. Sie **nickte** und **lachte ab und zu.**

Vom Wohnzimmer aus gingen wir in die Küche. Auch hier war alles **klinisch sauber:** weiße Wände, weißer Boden, weiße **Schränke.**

„*Chuchichäschtli*", sagte Tante Vreni **plötzlich** zu mir und nickte **cifrig.**

„**Wie bitte?**", sagte ich. Elisabeth und ihre Tante **kicherten.**

„**Was bedeutet das?**", fragte ich.

Elisabeth zeigte auf einen kleinen **Hängeschrank** und sagte: „*Das* ist ein Chuchichäschtli! Wörtlich bedeutet es Küchen-**Kästchen.**"

„Aha?", sagte ich. Tante Vreni lachte.

„**Mach dir nichts draus!**", sagte Elisabeth. „Die Schweizer finden es einfach **lustig,** wenn **Ausländer versuchen,** dieses Wort **auszusprechen.**"

„Tschukischästli?", sagte ich. Tante Vreni lächelte

und sagte: „**Nicht ganz.**"

„Schuschlischäschtli?", versuchte ich es **abermals**.

Elisabeth schüttelte den Kopf und sagte: „Chu-chi-chäscht-li!"

Wir **verließ**en die Küche und Tante Vreni zeigte uns das **Gästezimmer**: ein kleiner Raum mit **Blümchentapete**, **beige**m **Kachelboden** und dunklen **Holzmöbel**n.

„Dieses Zimmer ist leider noch nicht **renoviert**", sagte sie und **kratzte** mit einem **lackiert**en **Fingernagel** an der **Tapete**. „**Ich hoffe**, das ist **in Ordnung.**"

„Natürlich!", rief Elisabeth. „**Nicht wahr**, Dino?"

Ich nickte und **zog** einen **schwer**en **Vorhang beiseite**. Es roch nach **Mottenkugeln**. **Durch** ein kleines **Fenster blickte** ich **auf** das **angrenzende Gebäude**, ein **schmuckloses Mehrfamilienhaus** aus **grau**em **Beton**.

„Ah, das sind unsere **Nachbarn**", rief Tante Vreni und zeigte auf das Haus. „**Momentan wohnen dort ein paar Flüchtlingsfamilien** aus Eritrea,

Afghanistan und Syrien."

„**Im Ernst?**", sagte Elisabeth. „Hier auf dem **Zürichberg?**"

„**Ich weiß, was du denkst**", sagte Tante Vreni. „Es ist eine sehr **wohlhabend**e Gegend. Und **in der Tat**, viele **Leute** hier sind nicht sehr **glücklich** darüber. Aber die Flüchtlinge sind **eigentlich** sehr **nett**. Und **außerdem** — meine Mutter war selbst ein Flüchtling. Wie kann ich **etwas dagegen haben?**" Sie **schaute** einen Moment lang i**n die Ferne**. „Aber ich rede **zu viel**. Im Schrank sind frische **Handtücher. Wenn ihr etwas braucht**, ich bin im Wohnzimmer."

Wir bedankten uns, schleppten unsere Koffer in das Zimmer und **begann**en **auszupacken.**

„Ich bin so **müde** ...", sagte Elisabeth und **gähnte.**

Ich **öffnete** einen **Kleiderschrank** und sagte: „Was **meinte** deine Tante **damit**, dass ihre Mutter ein Flüchtling war?"

„Ah", sagte Elisabeth. „Meine **Oma. Habe ich dir nie** die **Geschichte erzählt?**"

Ich schüttelte den Kopf und nahm ein paar T-Shirts aus meinem Koffer. „Du hast nur gesagt, dass deine Großmutter Deutsche war."

„Ja", sagte Elisabeth und öffnete den Kleiderschrank. „Sie war **sehr stolz** auf ihre deutsche **Herkunft**, die ‚**Kultur**' und **all das**. Aber **in Wahrheit** hat sie nie lange in Deutschland **gelebt**. Denn **als** die Nazis **an die Macht kam**en, **sind** ihre **Eltern** mit ihr in die Schweiz **geflohen**. Sie war ein **jung**es **Mädchen damals**."

„Moment!", sagte ich. „Sie sind geflohen? **Warum**?"

„**Kannst du dir das nicht denken**?", sagte sie.

„**Wegen** dem **Krieg**?", fragte ich.

„Nein", sagte Elisabeth. „Sie sind **noch** *vor* dem Krieg geflohen."

„Mmh", sagte ich. „Waren sie vielleicht **Kommunisten**?"

„Was?", sagte sie und schüttelte den Kopf. „So ein Quatsch!"

„Oh, **warte**!", sagte ich. „Sie waren nicht **jüdisch**,

oder?

„Bingo", sagte Elisabeth und **legte** einen **Stapel Hemden** in den Schrank.

„Im Ernst?", sagte ich. „**Das wusste ich nicht!**"

„Es ist eigentlich **nichts Besonderes**", sagte Elisabeth und **klappte** ihren Koffer **zu**. „Viele **Juden** sind damals in die Schweiz geflohen."

„Ja, aber ...", sagte ich. „Ich **dachte**, deine Familie kommt aus England!"

„Ja und nein. Meine Mutter ist hier **geboren** und **aufgewachsen**, zusammen mit ihrer **Schwester** Vreni. Meinen Vater hat sie **an der Universität** in London **kennengelernt**. Meine Tante **ist** in der Schweiz **geblieben** und hat dieses Haus **geerbt**."

„Wow!", sagte ich. „Warum hast du nie etwas gesagt?"

„Du hast nicht **gefragt**", sagte sie.

Ich schaute an die **Decke. Nach einer Weile** sagte ich: „Also bist du auch jüdisch, nicht wahr?"

Elisabeth lächelte und sagte: „**Kommt darauf an, wen** du fragst. Mein Vater ist **gebürtiger Anglika-**

ner und meine Mutter ist in den **Siebzigern** Buddhistin **geworden**. Aber ihre Mutter war jüdisch und ihre Mutter auch. Also **prinzipiell hast du recht.**"

„**Echt?**", sagte ich. „Interessant!"

„Ach, ich weiß nicht", sagte Elisabeth und zuckte mit den Achseln. „Ich bin ungefähr **so** jüdisch **wie** du **katholisch, Dino.**"

„Mmh", sagte ich. „**Kann ich dich etwas fragen?**"

„**Klar**", sagte Elisabeth und **ließ sich aufs Bett fallen.**

„Was macht ihr **an Weihnachten?**", fragte ich.

Elisabeth gähnte. „Das ist deine Frage?"

„Ja", sagte ich. „**Ich meine**, habt ihr einen **Weihnachtsbaum** oder **feiert** ihr Hanuk- ... Tschanuk-, also dieses jüdische **Fest?**"

„*Chanukka*", sagte Elisabeth. „Mit einem *ch* wie in *Aachen* oder *Chuchichäschtli.*" Ich lachte.

„**Ehrlich gesagt** war das **bei uns zu Hause** nie ein Problem", sagte sie. „Es gibt **jedes Jahr** einen

Weihnachtsbaum, aber meine Mutter **zündet** auch immer ihre **Chanukka-Kerzen an**."

„**Obwohl** sie Buddhistin ist?", sagte ich.

Elisabeth zuckte mit den Achseln und sagte: „**Frag mich etwas Leichteres**!"

~

stelle ... ab: put down ... | **Flur**: hallway | **Duftkerzen**: aromatic candles | **Desinfektionsmittel**: disinfectant | **führte uns**: led us | **Wohnzimmer**: living room | **riesig**: huge | **Raum**: room | **Kamin**: fireplace | **Seeblick**: lake view | **Designermöbel**: design furniture | **Wände**: walls | **Fußboden**: floor | **blitzeblank**: spick and span | **hing**: hung | **Gemälde**: paintings | **Farbkleckse**: splashes of color | **Linien**: lines | **redete wie ein Wasserfall**: talked like a waterfall | **Ich verstand nur Bahnhof.**: It was all Greek to me. | **schien**: seemed | **nickte**: nodded | **lachte**: laughed | **ab und zu**: from time to time | **klinisch**: clinically | **sauber**: clean | **Schränke**: cabinets | **plötzlich**: suddenly | **eifrig**: eagerly | **Wie bitte?**: I beg your pardon? | **kicherte**: giggled | **Was bedeutet das?**: What does that mean? | **Hängeschrank**: wall cupboard | **wörtlich**: literally | **Kästchen**: small box | **Aha?**: Uh-huh? | **Mach dir nichts draus!**: Never mind! | **lustig**: funny | **Ausländer**: foreigners | **versuchen ... auszusprechen**: try to pronounce ... | **nicht ganz**: not quite | **abermals**: once again | **verließ**: left | **Gästezimmer**: guestroom | **Blümchentapete**: floral wallpaper | **beige**: beige | **Kachelboden**: tiled floor | **Holzmöbel**: wooden furniture | **renoviert**: renovated | **kratzte an**: scratched at | **lackiert**: lacquered | **Fingernagel**: fingernail | **Tapete**: wallpaper | **Ich hoffe, ...**: I hope, ... | **in Ordnung**: alright | **..., nicht wahr?**: ..., isn't that so? | **zog beiseite**: pulled aside | **schwer**: heavy | **Vorhang**: curtain | **Mottenkugeln**: mothballs | **durch**: through | **Fenster**: window | **blickte auf**:

looked at | **angrenzend**: adjacent | **Gebäude**: building | **schmucklos**: unadorned | **Mehrfamilienhaus**: apartment building | **grau**: grey | **Beton**: concrete | **Nachbarn**: neighbors | **momentan**: currently | **wohnen dort**: are living there | **ein paar**: a few | **Flüchtlingsfamilien**: refugee families | **Im Ernst?**: Seriously? | **Zürichberg**: one of Zurich's hills | **Ich weiß, was du denkst.**: I know what you're thinking. | **wohlhabend**: wealthy | **in der Tat**: indeed | **Leute**: people | **glücklich**: happy | **darüber**: about that | **eigentlich**: actually | **nett**: nice | **außerdem**: besides | **etwas dagegen haben**: have something against | **schaute in die Ferne**: gazed into the distance | **zu viel**: too much | **Handtücher**: towels | **wenn ihr etwas braucht**: if you need something | **wir bedankten uns**: we gave our thanks | **schleppte**: hauled | **begann auszupacken**: began to unpack | **müde**: tired | **gähnte**: yawned | **öffnete**: opened | **Kleiderschrank**: wardrobe | **Was meinte sie damit?**: What did she mean by this? | **Oma**: grandma | **Habe ich dir nie ... erzählt?**: Did I never tell you ...? | **Geschichte**: story | **stolz auf**: proud of | **Herkunft**: origin | **Kultur**: culture | **all das**: all that | **in Wahrheit**: the truth is | **gelebt**: lived | **als**: when | **an die Macht kam**: came to power | **sind geflohen**: have fled | **Eltern**: parents | **jung**: young | **Mädchen**: girl | **damals**: back then | **Warum?**: Why? | **Kannst du dir das nicht denken?**: Can't you work that out for yourself? | **wegen**: because of | **Krieg**: war | **noch vor**: still before | **Kommunisten**: Communists | **Warte!**: Wait! | **jüdisch**:

Jewish | **legte**: put | **Stapel**: stack | **Hemden**: shirts | **Das wusste ich nicht!**: I didn't know that! | **nichts Besonderes**: nothing special | **klappte ... zu**: flipped ... shut | **Juden**: Jews | **dachte**: thought | **geboren**: born | **aufgewachsen**: grown up | **Schwester**: sister | **an der Universität**: at the university | **kennengelernt**: become acquainted with | **ist ... geblieben**: has stayed ... | **geerbt**: inherited | **gefragt**: asked | **Decke**: ceiling | **nach einer Weile**: after a while | **(es) kommt darauf an**: (it) depends | **wen**: who/whom | **gebürtig**: by birth | **Anglikaner**: Anglican | **Siebzigern**: seventies | **geworden**: become | **prinzipiell**: in principle | **Echt?**: For real? | **du hast recht**: you're right | **so ... wie**: as ... as | **katholisch**: Catholic | **Kann ich dich etwas fragen?**: Can I ask you something? | **Klar!**: Sure! | **(sie) ließ sich fallen**: (she) let herself fall | **aufs Bett**: onto the bed | **an Weihnachten**: at Christmas | **Weihnachtsbaum**: Christmas tree | **feiert**: celebrate | **ich meine**: I mean | **Fest**: celebration | **ehrlich gesagt**: honestly | **bei uns zu Hause**: for us at home | **jedes Jahr**: every year | **zündet ... an**: lights ... | **Chanukka-Kerzen**: Hanukkah candles | **obwohl**: although | **Frag mich etwas Leichteres!**: Ask me something easier!

 **Übung**

1. Der Fußboden in Tante Vrenis Haus ist ...

a) sehr schmutzig

b) ziemlich sauber

c) sehr sauber

2. Warum versteht Dino Tante Vreni nicht?

a) Sie benutzt viele schwierige Wörter.

b) Sie redet Schweizerdeutsch.

c) Sie redet zu schnell.

3. Was ist ein „Chuchichäschtli"?

a) ein Kästchen für Kuchen

b) ein Fernseher in der Küche

c) ein Hängeschrank in der Küche

31

4. Das Gästezimmer ist ...

a) frisch renoviert

b) halb renoviert

c) nicht renoviert

5. Im Mehrfamilienhaus neben der Villa wohnen ...

a) junge Schweizer Familien

b) Flüchtlingsfamilien

c) wohlhabende Familien

6. Warum sind viele Leute nicht sehr glücklich darüber?

a) Es ist eine sehr reiche Gegend.

b) Es ist eine sehr gefährliche Gegend.

c) Es gibt nicht genug Häuser.

7. Tante Vreni hat nichts gegen Flüchtlinge, weil ...

a) sie selbst ein Flüchtling ist

b) ihr Vater ein Flüchtling war

c) ihre Mutter ein Flüchtling war

8. Elisabeths Großmutter ist mit ihren Eltern ... geflohen.

a) aus Deutschland

b) aus der Schweiz

c) aus England

9. Wann sind sie geflohen?

a) vor dem Krieg

b) während des Krieges

c) nach dem Krieg

10. Warum sind sie geflohen?

a) Es gab nichts zu essen.

b) Sie waren Kommunisten.

c) Sie waren jüdisch.

11. Elisabeths Mutter ist ... geboren und aufgewachsen.

a) in der Schweiz

b) in England

c) in Deutschland

12. Elisabeths Vater ist ...

a) Anglikaner

b) Jude

c) Buddhist

13. Elisabeths Mutter ist ... Buddhistin geworden.

a) in den Sechzigern

b) in den Siebzigern

c) in den Achtzigern

14. In Elisabeths Familie gibt es an Weihnachten ...

a) einen Weihnachtsbaum, aber keine Chanukka-Kerzen

b) keinen Weihnachtsbaum, aber Chanukka-Kerzen

c) einen Weihnachtsbaum und Chanukka-Kerzen

3. Franken und Rappen

~

Nach dem Auspacken **legten wir uns ins Bett**. Wir **wollten** nur eine Weile **ausruhen**, aber wir **fielen sofort** in einen **tief**en Schlaf. Als wir **aufwachten**, war es drei Uhr **nachmittags**. Wir waren **alleine** in dem großen Haus.

„Wo ist deine Tante?", fragte ich und gähnte.

„**Keine Ahnung**", sagte Elisabeth. „**Auf der Arbeit, nehme ich an.**"

Wir setzten uns auf die **Terrasse, tranken** Kaffee und blickten auf den **glitzernd**en Zürichsee. Ein paar **Segelboote trieben gemächlich** in der Sonne. Elisabeth lag in einem **Liegestuhl** und hatte die Augen **geschlossen.**

„Mann, ist das **schön** hier!", sagte ich und **streck- te** meine Arme.

„Mmh", sagte Elisabeth, **ohne** die Augen zu öffnen.

„Es ist **beinahe** surreal", sagte ich. „Wie eine **Postkarte!**"

„Jepp", sagte sie. „So ist die Schweiz."

„Wohnt deine Tante eigentlich alleine hier?", frag- te ich nach einer Weile.

„Sie ist **geschieden**", sagte Elisabeth und öffnete die Augen. „Sie hat eine **Tochter,** aber sie ist **ausge- zogen, glaube ich.**"

„Und **was macht** sie **beruflich?**", fragte ich.

„Sie **arbeitet** in einer **Werbeagentur** hier in

Zürich."

„Oh?", sagte ich und **grinste**. „Macht sie **Werbung** für Schweizer **Käse** und Schokolade?"

Elisabeth lächelte. „Vielleicht. Ich weiß nur, dass ihre Agentur sehr **berühmt geworden ist** wegen dieser Poster-**Kampagne** für das **Frauenstimmrecht** damals."

„Frauenstimmrecht?", sagte ich und runzelte die Stirn.

„Ja", sagte sie. „**Interessanterweise dürfen** Frauen in der Schweiz **erst seit** 1971 **wählen**."

„Wie bitte?", sagte ich. „So **spät**? Bist du **sicher**?"

Elisabeth nickte und sagte: „Ja. **Ganz sicher**."

„Aber warum?" sagte ich. „Die Schweiz ist ein **fortschrittliches Land**, oder nicht?"

Elisabeth seufzte und sagte: „Es ist **kompliziert**, Dino. In der Schweiz **passieren** alle **wichtig**en politischen **Entscheidung**en **per Volksabstimmung**. Und lange **Zeit** hat die **Mehrheit** (damals nur Männer) leider nicht **für** das Frauenstimmrecht **gestimmt**."

„Komisch", sagte ich.

„Ja", sagte Elisabeth. „In der Schweiz ist **eben** alles ein bisschen ... **anders.** Aber **genug davon! Lass uns** in die Stadt gehen! **Sonst schlafe ich hier wieder ein.**"

Wir **fuhren mit der Tram** in die Innenstadt. An einer **Haltestelle namens** *Bürkliplatz* stiegen wir aus. Wir standen direkt **am Ufer** des Zürichsees. Die **Luft** war **frisch** und **kühl. Über** uns **flog** ein **Schwarm Möwen.** In der Ferne **ragte**n die weißen Gipfel der Alpen **in den Himmel.**

„Das ist wie in einem Disney-Film hier!", sagte ich.

In dem Moment **erschien**en ein paar Touristen auf dem **Platz** und **schwenkte**n ihre Selfie-Sticks vor der **atemberaubend**en **Kulisse.**

„Ja", sagte Elisabeth. „Es ist wirklich sehr schön. Aber **auf Dauer** auch ein bisschen **langweilig.** Ich habe **als Kind** hier **fast jeden Sommer verbracht.** Komm, **ich zeige dir** die **Altstadt!**"

Während wir über eine kleine **Brücke** gingen,

fragte ich: „Weißt du, **ob** es hier **irgendwo** ein Internet-Café gibt?"

„Keine Ahnung", sagte sie. „**Wer braucht heutzutage** noch Internet-Cafés?"

„Ähm, Leute **wie ich**?", sagte ich.

„Du meinst Leute, die **sich weigern**, ein **Handy zu besitzen**?", sagte sie.

„**Ich mag** diese **Dinger einfach nicht**", sagte ich. „**Ich will nicht** immer **erreichbar sein**."

„Na ja, aber **komm schon**! Wir leben **im einundzwanzigsten Jahrhundert**, Dino!"

„Ich habe nichts gegen das Internet! Ich will es nur nicht in meiner **Hosentasche**."

„Es ist immer **dieselbe** Diskussion **mit dir** ..."

„Es ist doch *meine* Entscheidung!", sagte ich. „Oder nicht?"

„**Egal. Vergiss es!**", sagte sie und seufzte. Wir **ging**en still **weiter**. Die **Straßen** Zürichs waren sehr sauber. Wir **spazierten vorbei an** Designerboutiquen, Cafés und Delikatessenläden. Ein Internet-Café sah ich nicht.

An einem Kiosk in der Altstadt kaufte Elisabeth eine **Aufladekarte** für ihr Handy. Ich kaufte einen kleinen **Eistee** für drei **Franken** und **fünfzig Rappen**. Dann setzten wir uns auf eine **Bank**.

„**Wie viel** ist das eigentlich in Euro?", fragte ich Elisabeth. „Drei fünfzig?"

„Ein bisschen **weniger**", sagte sie. „Aber ungefähr **dasselbe**."

„Was?", rief ich. „Drei Euro für diese kleine **Flasche**? Sind die **verrückt**?"

Elisabeth zuckte mit den Achseln. Während **ich** den Eistee trank und **mich** über den hohen Preis **ärgerte, tippte** sie auf ihrem Smartphone **herum** und **aktivierte** ihr neues Guthaben.

„So", sagte sie. „Willst du deine Emails checken?"

„Auf deinem Handy?", sagte ich.

„**Du kannst auch gerne weiter** nach einem Internet-Café **suchen**", sagte sie und lächelte.

„Sehr lustig", sagte **ich** und gab ihr den Eistee. Dann nahm ich ihr Handy und **loggte mich in** mein Email-**Konto ein**.

„Hey!", rief ich. „Hier ist eine Email von Alfredo und Loretta!"

„Oh!", sagte Elisabeth und **schlürfte** Eistee. „**Wie geht es ihnen?**"

„Gut", sagte ich. „Loretta ist **schwanger!**"

„*Masel tov*!", sagte Elisabeth. „**Das ging schnell!** Wo sind sie jetzt?"

„Sie sind wieder **zurück** in New York", sagte ich und wischte über den **Bildschirm**. „Mein Bruder sagt, er hat eine **fette Gehaltserhöhung bekommen**. Ich **soll** auf mein Konto schauen. Gibt es hier eine **Bank in der Nähe**?"

„Was für eine Frage!", sagte Elisabeth. „Zürich ist die **Bankenhauptstadt** der **Welt!**"

Wenig später steckte ich meine **Bankkarte** in einen **Bankomat**. Mein Bruder hatte mir fünfhundert Euro **überwiesen**.

„Zusammen mit dem **Gehalt** aus Wien sind hier jetzt **knapp** tausend Euro, ich meine – Franken!", flüsterte ich. „Wir sind **reich**, Elisabeth!"

~

(wir) legten uns ins Bett: we laid down in bed | wollte: wanted | ausruhen: rest/relax | fiel: fell | sofort: immediately | tief: deep | aufwachte: woke up | nachmittags: in the afternoon | alleine: alone | Keine Ahnung!: No clue! | auf der Arbeit: at work | ...,. nehme ich an: „... I assume | wir setzten uns: we sat down | Terrasse: terrace | trank: drank | glitzernd: glistening | Segelboote: sailboats | trieb: floated | gemächlich: leisurely | Liegestuhl: deck chair | geschlossen: closed | schön: beautiful | Liegestuhl: deck chair | streckte: stretched | ohne: without | beinahe: almost | Postkarte: postcard | geschieden: divorced | Tochter: daughter | ausgezogen: moved out | ..., glaube ich.: ..., I believe. | Was macht (sie) beruflich?: What does (she) do (for work)? | arbeitet: is working | Werbeagentur: advertising agency | grinste: grinned | Werbung: advertising | Käse: cheese | ist berühmt geworden: had become famous | Kampagne: campaign | Frauenstimmrecht: women's right to vote | interessanterweise: interestingly | dürfen: are allowed to | erst: only | seit: since | wählen: vote | spät: late | sicher: sure | ganz sicher: dead sure | fortschrittlich: progressive | Land: country | kompliziert: complicated | passieren: are happening | wichtig: important | Entscheidung: decision | per: via | Volksabstimmung: plebiscite | Zeit: time | Mehrheit: majority | für ... gestimmt: voted for ... | komisch: strange | eben: just | anders: different | genug: enough | davon: of that | Lass uns ...: let us ... | sonst: otherwise | ich schlafe ein: I fall asleep |

wieder: again | **fuhr mit der Tram**: went by streetcar [tram] | **Haltestelle**: stop | **namens**: called | **am Ufer**: at the shore | **Luft**: air | **frisch**: fresh | **kühl**: cool | **über**: above | **flog**: flew | **Schwarm**: swarm | **Möwen**: seagulls | **ragte**: loomed | **in den Himmel**: into the sky | **erschien**: appeared | **Platz**: square | **schwenkte**: brandished | **atemberaubend**: breathtaking | **Kulisse**: backdrop | **auf Dauer**: in the long run | **langweilig**: boring | **als Kind**: as a child | **fast**: almost | **jeden Sommer verbracht**: spent every summer | **Ich zeige dir ...**: I'll show you | **Altstadt**: old town | **Brücke**: bridge | **ob**: if | **irgendwo**: somewhere | **Wer braucht ...?**: Who needs ...? | **heutzutage**: these days | **wie ich**: like me | **sich weigern ... zu besitzen**: refuse to own ... | **Handy**: cellphone | **Ich mag ... einfach nicht.**: I just don't like ... | **diese Dinger**: those things | **Ich will nicht ...**: I don't want ... | **erreichbar sein**: to be reachable | **Komm schon!**: Come on! | **im einundzwanzigsten Jahrhundert**: in the twenty-first century | **Hosentasche**: pocket | **dieselbe**: the same | **mit dir**: with you | **Egal!**: Never mind! | **Vergiss es!**: Forget it! | **ging weiter**: continued to walk | **Straßen**: roads | **spazierte**: strolled | **vorbei an**: past | **Aufladekarte**: refill card | **Eistee**: iced tea | **Franken**: Swiss francs | **fünfzig**: fifty | **Rappen**: rappen [100th of Swiss franc] | **Bank**: bench | **wie viel?**: how much? | **weniger**: less | **dasselbe**: the same | **Flasche**: bottle | **verrückt**: crazy | **ich ärgerte mich**: I got worked up | **über den hohen Preis**: about the high price | **tippte auf ... herum**: tapped around on ... | **aktivierte**:

activated | **Du kannst auch gerne weiter** ...: You may well continue ... | **suchen**: search | **ich loggte mich in ... ein**: I logged into ... | **Konto**: account | **schlürfte**: sipped | **Wie geht es ihnen?**: How are they? | **schwanger**: pregnant | **Das ging schnell!**: That went quickly! | **zurück**: back | **Bildschirm**: screen | **fett**: fat | **Gehaltserhöhung**: (pay) raise | **bekommen**: received | **soll**: should | **Bank**: bank | **in der Nähe**: near | **Bankenhauptstadt**: banking capital | **Welt**: world | **wenig später**: a bit later | **steckte**: put | **Bankkarte**: bank card | **Bankomat**: ATM | **überwiesen**: transferred (money) | **Gehalt**: salary | **knapp**: short of | **reich**: rich

 **Übung**

1. Dino und Elisabeth schlafen bis um …

a) drei Uhr morgens

b) zwei Uhr nachmittags

c) drei Uhr nachmittags

2. Warum wohnt Elisabeths Tante alleine?

a) Sie ist geschieden.

b) Sie arbeitet zu viel.

c) Das Haus ist zu klein.

3. Tante Vreni hat …

a) eine Tochter

b) einen Sohn

c) keine Kinder

4. Sie arbeitet ...

a) in einem Kiosk

b) in einer Werbeagentur

c) als Touristenführerin

5. Seit wann dürfen Frauen in der Schweiz wählen?

a) seit 1934

b) seit 1971

c) schon immer

6. Elisabeth hat als Kind ... in Zürich verbracht.

a) fast jeden Winter

b) fast jeden Frühling

c) fast jeden Sommer

7. Warum will Dino kein Handy?

a) Es ist zu teuer.

b) Er will nicht immer erreichbar sein.

c) Es ist zu kompliziert.

8. Dino kauft einen Eistee für ...

a) zwei Franken und fünfzig Rappen

b) drei Franken und sechzig Rappen

c) drei Franken und fünfzig Rappen

9. Alfredo und Loretta sind ...

a) momentan in Palermo

b) wieder zurück in New York

c) momentan London

10. Wie viel Geld hat Dino auf seinem Konto?

a) knapp tausend Franken

b) knapp zweitausend Franken

c) knapp dreitausend Franken

4. Sojaschnitzel und Röschti

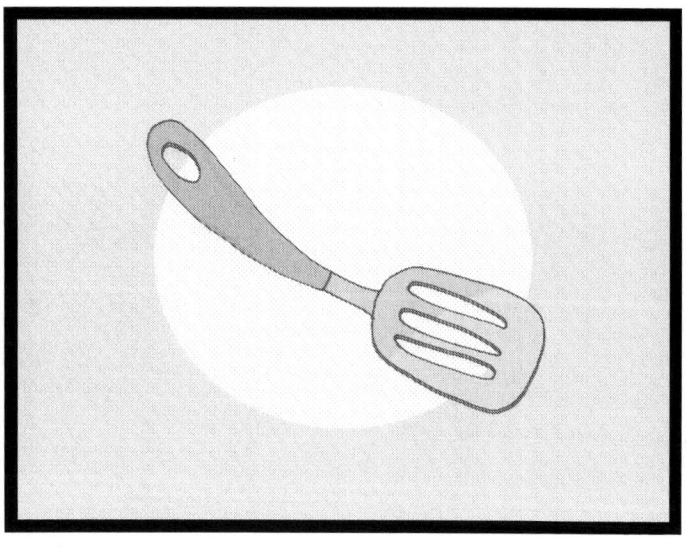

~

Als wir aus der Stadt **zurückkam**en, war es sechs Uhr **abends**. Tante Vreni stand in der Küche und rief: „Seid ihr **hungrig**? Es gibt Sojaschnitzel und *Röschti!*"

„**Aber sicher**", rief Elisabeth zurück. „**Wir decken den Tisch**, okay?"

Sie ging ins **Esszimmer** und öffnete einen Schrank. Vor den Fenstern **ging die Sonne** langsam **unter**. Der Zürichsee **strahlte** wie ein goldenes **Meer**. Die **Berge** im Hintergrund leuchteten in **majestätisch**em Rot.

Während wir die **Teller**, **Messer** und **Gabeln** auf dem Tisch **verteilte**n, sagte ich: „Was ist Ros-ti?"

„Ah", sagte Elisabeth. „*Röschti?* Das ist **eine Art** Schweizer **Pfannkuchen** aus **Kartoffeln**. Ziemlich **lecker!**"

Da erschien Tante Vreni im **Türrahmen**. Sie trug eine **Schürze** und **hielt** einen **Küchenfreund in der Hand**. „Könnt ihr mir **einen Gefallen tun?**", sagte sie.

„Klar", sagte Elisabeth. „**Was gibt's?**"

„Das Essen ist **fast fertig**, aber ich habe vergessen, eine Flasche **Rotwein** aus dem **Keller** zu holen", sagte Tante Vreni.

„Kein Problem", sagte Elisabeth.

„Danke!", sagte Vreni. „Ihr seid eine große **Hilfe!** Der Wein ist im **Schutzraum ganz hinten**. Aber

51

passt bitte **auf**! Die Tür ist **defekt**."

Wir gingen in **Richtung** der Kellertür, als Elisabeths Tante plötzlich auf Schweizerdeutsch **fluchte**: „**Gopferdammi**!"

„Was ist **passiert**?", fragte Elisabeth.

Tante Vreni starrte auf ihr Handy. Dann **nahm** sie die Schürze **ab** und sagte: „Ich muss gehen. Es gibt Probleme in der Agentur."

„Oh ...", sagte Elisabeth. „**Etwas Schlimmes**?"

„Na ja", sagte Vreni und seufzte. „Mein Artdirector hat **angeblich** einen **Klient**en **beleidigt**. Das ist ein riesiger **Auftrag**! Jetzt muss ich das **geradebiegen**. Also, **das kann ein bisschen länger dauern**. Ihr müsst leider ohne mich essen. **Kommt ihr** hier **zurecht**?"

Wir nickten. Tante Vreni ging in den Flur, zog ihren Mantel an, setzte die Baskenmütze auf den Kopf und **verschwand** mit einem „**Tschau**" durch die Tür.

Wir hörten das **Ticken** der **Uhr**. „Und jetzt?", sagte ich.

„Komm!", sagte sie. „Ich zeige dir den Schutzraum!"

„Was ist das?", fragte ich.

„Das musst du selbst sehen!"

Wir **gingen** langsam die **Treppenstufen hinunter** in den dunklen Keller. Elisabeth drückte auf einen **Lichtschalter**. Eine **nackte Glühbirne** leuchtete an der Decke.

Der **Gang** des Kellers war **vollgestellt** mit **Umzugskartons**, **Skiern**, **Regalbrettern**, zwei **rostigen Fahrrädern** und anderem **Gerümpel. Wir bahnten uns einen Weg durch** das Chaos und Elisabeth zeigte auf eine **schwere Tresortür**.

„**Bitte schön!**", sagte sie. „Der Schutzraum. Fast jedes Haus in der Schweiz hat einen."

„Was ist das?", fragte ich. „Eine private Bank?"

„Nein", sagte Elisabeth und lachte. „Das ist eine Art Bunker."

„Ein Bunker?", sagte ich. „Aber die Schweiz ist ein **friedliches** Land! Oder nicht?"

„Ja, **eigentlich schon**", sagte sie. „Aber **trotzdem bauen** die Schweizer **immer mehr** Schutzräume.

Falls ein **Nuklearkrieg ausbricht,** oder eine andere **Katastrophe** passiert, sind sie immer gut **vorbereitet."**

„Ein Nuklearkrieg?", sagte ich. „Du machst **Witze,** oder?"

„Nein, die Schweizer **nehmen** das sehr **ernst.** Viele Leute hier haben auch **Waffen** im Haus, **aus dem gleichen Grund."**

„Du meinst, wie in Amerika?", fragte ich.

„Ja, **so ähnlich",** sagte sie. „Komm wir gehen **hinein!"**

Die Tür des Schutzraums war nicht **vollständig** geschlossen. Ein dickes altes **Lexikon klemmte** im **Türspalt.** Wir **stieg**en über das Buch und schalteten das Licht an. **Grell**es Neonlicht **flackerte** über **kahl**e Betonwände. Es roch nach **Feuchtigkeit.** In den **Ecke**n standen hohe Schränke und **Weinregal**e. An der Decke sah ich rote **Lüftungsrohr**e.

„Willkommen in der *anderen* Schweiz!", sagte Elisabeth und lachte.

„Das ist **echt unheimlich** hier ...", sagte ich.

„**Findest du?**", sagte sie. „Ich habe hier als Kind oft **gespielt**. Oh, apropos, **schau mal!**" Sie ging zu einem Schrank und **nahm** ein Fotoalbum **heraus**. „Bist du das?", fragte ich und zeigte auf ein Schwarz-Weiß-Foto von einem Mädchen mit blonden **Zöpfe**n.

Elisabeth lachte. „Nein! Das ist meine Oma!"

„Sie **sieht dir** sehr **ähnlich**", sagte ich.

„Findest du?", sagte sie und setzte sich auf einen **Klappstuhl**. Dann **blätterte** sie weiter in dem Album. „Willst du **in der Zwischenzeit** eine Flasche Wein holen?"

Ich ging zum Weinregal. Knapp fünfzig Flaschen **waren** hier **bis an die Decke gestapelt**. „Rot oder weiß?", fragte ich.

„Egal ... äh, rot", sagte Elisabeth, **ohne von** dem Album **aufzublicken**.

Ich **studierte** die **Etikett**en der Flaschen. **Die untersten** fünf **Ebene**n des Regals waren **mit Weiß**wein **gefüllt**. Auf der sechsten Ebene **entdeckte** ich einen Rotwein. Ich streckte meinen Arm, **berührte** die Flasche mit meinen Fingern, aber das Regal war ein paar Zentimeter **zu hoch**.

Ich schaute mich in dem kleinen Raum um. „Gibt es hier eine **Leiter** oder so etwas?", fragte ich. Aber Elisabeth antwortete nicht. Sie hatte ein zweites Fotoalbum aus dem Schrank geholt und starrte **wie gebannt** auf die alten Fotos.

„Hast du etwas gesagt?", fragte sie nach einer Weile.

„Schon gut", sagte ich und ging zum **Eingang** des Schutzraums, **bückte mich** und **zog** das alte Buch aus dem Türspalt. Dann ging ich zurück zum Weinregal, legte das Lexikon **auf den Boden, stellte mich auf** das Buch und **griff nach** der Flasche Rotwein.

„**Geschafft!**", rief ich und **hielt** die Flasche **triumphierend in die Höhe**. Ich **sprang** in die Luft. Die Weinflaschen in dem Regal **klirrten leise**.

„Hey, **Vorsicht!**", rief Elisabeth.

In dem Moment hörten wir ein leises **Knarzen**. Wir blickten zum Eingang des Bunkers. Die Tür! Sie **bewegte sich**! Bevor wir **reagieren** konnten, hörten wir einen **Knall**.

Elisabeth und ich **rannte**n zum Eingang. **Wir drückte**n die **Klinke herunter** und **lehnte**n uns **gegen** das Metall, aber die Tür blieb **verschlossen**. Ich **hämmerte mit beiden Fäusten auf** das Metall. **Doch** die schwere Tresortür bewegte sich keinen Millimeter.

~

zurückkam: came back | abends: in the evening | hungrig: hungry | Aber sicher!: You bet! | wir decken den Tisch: we set the table | Esszimmer: dining room | die Sonne ging unter: the sun set | strahlte: sparkled | Meer: sea | Berge: mountains | majestätisch: majestic | Teller: plates | Messer: knives | Gabeln: forks | verteilte: distributed | eine Art: a kind of | Pfannkuchen: pancakes | Kartoffeln: potatoes | lecker: tasty | Türrahmen: door frame | Schürze: apron | (sie) hielt ... in der Hand: held ... in (her) hand | Küchenfreund: kitchen trowel/spatula | einen Gefallen tun: do a favor | Was gibt's?: What's up? | fast fertig: almost done | Rotwein: red wine | Keller: cellar | holen: fetch | Hilfe: help | Schutzraum: shelter | ganz hinten: all the way in the back | Passt auf!: Be careful! [pl.] | defekt: defect | Richtung: direction | fluchte: cursed | Gopferdammi!: Goddam! [Swiss German] | passiert: happens | nahm ... ab: took off ... | etwas Schlimmes: something bad | Na ja, ...: Well, ... | angeblich: allegedly | Klient: client | beleidigt: insulted | Auftrag: contract | geradebiegen: set straight | Das kann ein bisschen länger dauern.: This can take a bit longer. | Kommt ihr zurecht?: Can you manage? [pl.] | verschwand: disappeared | Tschau!: Bye! | Ticken: ticking | Uhr: clock | Treppenstufen: steps | ging hinunter: descended | Lichtschalter: light switch | nackt: naked | Glühbirne: light bulb | Gang: corridor | vollgestellt: obstructed | Umzugskarton: moving carton | Skiern: skis | Regalbretter: shelving boards | rostig: rusty | Fahrräder: bicycles |

Gerümpel: junk | **wir bahnten uns einen Weg**: we paved a way | **schwer**: heavy | **Tresortür**: vault door | **Bitte schön!**: There you go! | **friedlich**: peaceful | **eigentlich schon**: basically, yes | **trotzdem**: nevertheless | **bauen**: build | **immer mehr**: more and more | **falls**: if | **Nuklearkrieg**: nuclear war | **ausbricht**: breaks out | **Katastrophe**: catastrophe | **vorbereitet**: prepared | **Witze**: jokes | **nehmen ... erst**: take ... seriously | **Waffen**: weapons | **aus dem gleichen Grund**: for the same reason | **so ähnlich**: something like that | **hinein**: into | **vollständig**: completely | **Lexikon**: encyclopedia | **klemmte**: was wedged | **Türspalt**: door gap | **stieg über**: climbed over | **grell**: glaring | **flackerte**: flickered | **kahl**: bare | **Feuchtigkeit**: humidity | **Ecke**: corner | **Weinregal**: wine rack | **Lüftungsrohr**: ventilation pipe | **echt**: really | **unheimlich**: eerie | **Findest du?**: You think so? | **gespielt**: played | **Schau mal!**: Look here! | **nahm ... heraus**: took ... out (of it) | **Zöpfe**: braids | **sieht dir ähnlich**: resembles you | **Klappstuhl**: folding chair | **blätterte**: leafed | **in der Zwischenzeit**: in the meantime | **waren gestapelt**: were stacked | **bis zur Decke**: to the ceiling | **ohne von ... aufzublicken**: without looking up from ... | **studierte**: studied | **Etikett**: label | **die untersten**: the lowermost | **Ebene**: level | **mit ... gefüllt**: filled with ... | **entdeckte**: discovered | **berührte**: touched | **zu hoch**: too high | **Leiter**: ladder | **wie gebannt**: spellbound | **Eingang**: entrance | **(ich) bückte mich**: (I) bent down | **zog ... aus ...**: pulled ... out of ... | **auf den Boden**: onto the ground | **(ich) stellte mich auf**

...: (I) got on ... | **griff nach** ...: clutched at ... | **Geschafft!**: Did it! | **triumphierend**: triumphantly | **hielt ... in die Höhe**: held up ... | **sprang**: jumped | **klirrte**: clinked | **leise**: quietly | **Vorsicht!**: Careful! | **Knarzen**: creaking | **bewegte sich**: moved | **reagieren**: react | **Knall**: bang | **rannte**: ran | **drückte ... herunter**: pressed down ... | **Klinke**: handle | **wir lehnten uns gegen**: we leaned against | **verschlossen**: sealed | **hämmerte**: pounded | **mit beiden Fäusten**: with both fists | **doch**: but

Übung

1. Elisabeth und Dino kommen ... aus der Stadt zurück.

a) um sechs Uhr morgens

b) um sieben Uhr morgens

c) um sechs Uhr abends

2. Tante Vreni hat vergessen ... zu holen

a) einen Küchenfreund aus der Küche

b) eine Flasche Rotwein aus dem Keller

c) einen Rotwein aus dem Wohnzimmer

3. Warum flucht Tante Vreni?

a) Es gibt Probleme in der Agentur.

b) Das Essen schmeckt nicht.

c) Das Essen ist auf den Boden gefallen.

4. Nachdem sie verschwunden ist, will Elisabeth ...

a) Dino den Schutzraum zeigen

b) mit Dino in ein Restaurant gehen

c) für Dino etwas kochen

5. Ein Schutzraum ist eine Art ...

a) Privatbank

b) Wohnzimmer

c) Bunker

6. Im Türspalt klemmt ...

a) eine Weinflasche

b) ein Lexikon

c) ein Fotoalbum

7. Elisabeth findet ... in einem Schrank.

a) eine Weinflasche

b) ein Lexikon

c) ein Fotoalbum

8. Elisabeth will einen Rotwein, aber das Weinregal ...

a) ist ein paar Zentimeter zu hoch

b) ist nur mit Weißwein gefüllt

c) ist leer

9. Dino nimmt ... zur Hilfe.

a) das Lexikon

b) eine Leiter

c) ein Fahrrad

10. Warum hören Dino und Elisabeth einen Knall?

a) Das Weinregal ist umgefallen.

b) Die Tür hat sich geschlossen.

c) Eine Weinflasche ist auf den Boden gefallen.

5. Im Schutzraum

~

Elisabeth lehnte an der Wand und **summte** eine **Melodie**. Ich **ging** in dem Schutzraum **auf und ab** und suchte nach **Werkzeug**. Aber in den Schränken fand ich **nichts als Marmeladengläser, eingelegte Gurken** und andere **Konserven**.

„**Zumindest** werden wir hier nicht **verhungern**",

sagte ich und lachte **nervös**.

„**Entspann dich!**", sagte sie. „**Es ist nur eine Frage der Zeit**, bis meine Tante **zurückkommt**."

„**Mag sein**", sagte ich. „Aber wie lange sitzen wir hier schon?"

„Moment", sagte Elisabeth und nahm ihr Handy aus der Hosentasche. „Ich schaue auf die Uhr."

„Hey!", rief ich und zeigte auf das Telefon. „Wir sind **gerettet!**"

„Oh!", sagte Elisabeth und lächelte. „Eine gute **Erfindung**, nicht wahr?"

„**Worauf wartest du?**", sagte ich. „**Ruf** den **Schlüsseldienst**, die Polizei, oder die **Feuerwehr!** Ich will keine fünf Minuten länger hier **verbringen!**"

Sie **drehte** das Handy in ihren Händen. Der Bildschirm leuchtete nicht. Sie drückte auf einen **Knopf an der Seite** des Telefons, aber nichts passierte.

„Was ist?", sagte ich.

„Äh, ich **glaube** mein **Akku** ist leer", sagte sie.

„**Das ist nicht dein Ernst!**", sagte ich.

„Sorry", sagte sie. „Ich wollte das Handy **aufladen**, als wir aus der Stadt kamen, aber dann haben wir den Tisch gedeckt und ich habe es vergessen."

„**Mit anderen Worten**, wir wissen **nicht einmal, wie spät es ist?**", sagte ich.

„**Beruhige dich!**", sagte Elisabeth. „Ich **würde schätzen**, wir sind knapp zwanzig Minuten hier."

„Quatsch!", sagte ich. „**Mindestens** vierzig Minuten! Oder vielleicht **sogar** schon eine Stunde?!"

„Niemals!", sagte sie. „Dein **Zeitgefühl** ist total **miserabel.**"

„**Aber mal im Ernst**", sagte ich nach einer Weile. „**Was ist, wenn** deine Tante erst **morgen** zurückkommt?"

„Hier!", sagte sie. „Setz dich und **iss erst einmal** etwas! Das ist gut für die **Nerven.**"

„**Wie du meinst**", sagte ich und fiel auf den Klappstuhl. „Ehrlich gesagt bin ich ziemlich hungrig."

„**Na also**", sagte sie und ging zu einem **Vorratsschrank**. „Was möchtest du **als Vorspeise? Essiggurken, Frühlingszwiebeln** oder **Sauerkraut?**"

Elisabeth fand einen zweiten Klappstuhl und setzte sich neben mich. **Zuerst** öffneten wir das Gurkenglas.

„**Hausgemacht**", sagte sie. „Ein **Rezept** meiner Oma."

„**Nicht schlecht!**", sagte ich und **kaute**. Wir aßen **eine** Gurke **nach der anderen**. Als das Glas leer war, öffneten wir die Zwiebeln und das Sauerkraut.

„**Hui**", sagte ich. „Das **macht** ziemlich **satt**."

„**Moment!**", sagte sie. „Es gibt noch **Nachtisch!**"

Sie stand auf und kam mit ein paar Gläsern Marmelade zurück.

„**Schau!**", sagte sie. „Ich habe sogar zwei kleine **Löffel** gefunden. **Luxus pur!**"

Ich öffnete ein Glas **Erdbeermarmelade** und steckte den Löffel hinein. Elisabeth öffnete ein Glas **Pfirsichmarmelade** und sagte: „Diese hier ist **besonders** gut! **Probier mal!**"

Nach einer Weile hatten wir beide Gläser halb leer gegessen. „Boah", sagte ich. „**Ich platze gleich**."

„**Siehst du?**", sagte sie. „Es kann ganz **gemütlich**

sein im Schutzraum."

„Na ja", sagte ich. „*Gemütlich* **würde ich es nicht nennen.**"

In dem Moment hörte ich **gedämpfte Stimmen.** „Elisabeth!", flüsterte ich und ging zur Tür. „Hörst du das?"

Sie **hob** den Kopf und sagte: „Ja, aber ich glaube, die Stimmen kommen **von oben.**"

Ich schaute an die Decke und sagte: „**Wohin führen** diese Lüftungsrohre?"

„Keine Ahnung", sagte sie. „**Nach draußen?**"

„Ich habe eine Idee!", rief ich. „**Schnell!** Gib mir deinen Stuhl!"

Ich stellte die zwei Stühle **aufeinander. Obendrauf** legte ich das alte Lexikon. Dann sagte ich: „**Halt** gut **fest!**", und kletterte auf die **wacklige** Konstruktion. Mit den Fingern konnte ich **nun** die Decke **berühren.** Ich rief in die **Öffnung** eines Lüftungsrohrs hinein: „Hallo? **Ist da jemand?**"

In dem Moment **verstummte**n die Stimmen. „Hallo?", rief ich abermals. „Wir sind **hier unten!**

Hilfe!"

Da hörte ich die Stimmen wieder. Sie **sprach**en **irgendein**e **Fremdsprache**. Ich hörte sie jetzt sehr gut, auch wenn ich kein Wort verstand.

„Hallo?!", rief ich. „Wir sind hier in dem Schutz-raum!"

„**Gib's auf**!", sagte Elisabeth. „Sie können dich nicht hören!"

„Hallo?", sagte plötzlich eine männliche Stimme. Sie **klang klar und deutlich**.

„Ja!", rief ich. „Können Sie mich hören?"

„Ja. Ich höre", sagte der Mann mit einem **Akzent**.

„Bitte helfen Sie uns!", rief ich. „Wir sind in dem Schutzraum **eingeschlossen**!"

„In Ordnung", sagte er. „Ich rufe Polizei!"

„Einen Moment!", sagte ich und flüsterte zu Elisa-beth: „Vielleicht sollten wir zuerst deine Tante **anru-fen**?"

„Ich habe ihre Telefonnummer nicht", sagte Elisa-beth.

„Was?", sagte ich. Die Stühle **wackelte**n unter

mir.

„Ja, ich meine, sie ist in meinem Handy **gespei-chert**", sagte sie und zuckte mit den Schultern. „Ich **kenne** sie nicht **auswendig**."

„Hallo?", rief die Stimme. „Alles in Ordnung?"

„Äh, ja ... ja", rief ich zurück. „Bitte rufen Sie die Polizei!"

„Ich mache es sofort!", sagte der Mann. Wir hörten ihn wählen.

Ich kletterte hinunter und wischte mit der Hand über meine **Stirn**.

„**Und was jetzt?**", fragte Elisabeth.

„**Abwarten und Tee trinken**", sagte ich.

Wir aßen den Rest der Marmelade. Nach einer Weile hörten wir ein **Klopfen** an der Tür.

Ich rannte zum Eingang und rief: „Hallo! Wir sind hier!"

Da hörte ich ein Knarzen und die Tür öffnete sich langsam. Das **Gesicht** einer **jung**en Frau erschien im Türspalt. Hinter ihr hörte ich das Geräusch eines Walkie-Talkies.

„Annabel?", rief Elisabeth.

„Elisabeth?", sagte die junge Frau. Sie öffnete die Tür vollständig. Hinter ihr stand eine **Polizistin**. In der einen Hand hielt sie eine **Taschenlampe**, in der anderen das **Funkgerät**.

„**Was machst du denn hier**?", fragte Elisabeth.

„**Das Gleiche** wollte ich *dich* fragen ...", sagte Annabel.

„**Kennt ihr euch**?", fragte ich, während die Polizistin auf Schweizerdeutsch in ihr Funkgerät redete.

„Dino, das ist meine Cousine!", rief Elisabeth. Zu Annabel sagte sie: „Wir wollten nur eine Flasche Wein holen, aber die Tür ist ..."

„**Zugefallen**?", sagte Annabel. Wir nickten. Sie lachte. „Diese Tür ist schon seit Jahren defekt. Hat meine Mutter euch nicht **gewarnt**?"

„**Doch**", sagte Elisabeth und warf mir einen Blick zu.

Die Polizistin **wechselte ein paar Worte** auf Schweizerdeutsch mit Annabel. Dann sagte sie etwas in ihr Walkie-Talkie, lächelte und **verabschiedete**

sich höflich. „Was hast du zu ihr gesagt?", fragte Elisabeth Annabel.

„Nur, dass ihr Ausländer seid", sagte sie und grinste. „Aber das ist ja **offensichtlich**."

Wir verließen den Keller und gingen zur **Treppe**. Ich drehte mich **ein letztes Mal** um, blickte in den leeren Schutzraum und **murmelte**: „**Auf Nimmerwiedersehen!**"

~

summte: hummed | **Melodie**: melody | **ging auf und ab**: paced up and down | **Werkzeug**: tool | **nichts als**: nothing but | **Marmeladengläser**: jam jars | **eingelegte Gurken**: pickled cucumbers | **Konserven**: canned goods | **zumindest**: at least | **verhungern**: starve | **nervös**: nervously | **Entspann dich!**: Relax! | **Es ist nur eine Frage der Zeit.**: It's just a matter of time. | **zurückkommt**: returns | **(das) mag sein!**: (that's a) maybe! | **gerettet**: saved | **Erfindung**: invention | **Worauf wartest du?**: What are you waiting for? | **Ruf ...!**: Call ...! | **Schlüsseldienst**: locksmith | **Feuerwehr**: fire department | **verbringen**: spend | **drehte**: turned | **Knopf**: button | **an der Seite**: on the side | **(ich) glaube**: (I) believe | **Akku**: battery | **Das ist nicht dein Ernst!**: You can't be serious! | **aufladen**: charge | **mit anderen Worten**: in other words | **nicht einmal**: not even | **wie spät es ist**: what time it is | **Beruhige dich!**: Calm down! | **würde schätzen**: would estimate | **mindestens**: at least | **sogar**: even | **Zeitgefühl**: sense of time | **miserabel**: miserable | **Aber mal im Ernst, ...**: But seriously,... | **Was ist, wenn ...**: What if,... | **morgen**: tomorrow | **Iss!**: Eat! | **erst einmal**: first of all | **Nerven**: nerves | **wie du meinst**: whatever you say | **Na also**: There we go. | **Vorratsschrank**: storage cabinet | **als Vorspeise**: as hors d'oeuvre | **Essiggurken**: gherkins | **Frühlingszwiebeln**: spring onions | **Sauerkraut**: pickled cabbage | **zuerst**: first | **hausgemacht**: home-made | **Rezept**: recipe | **Nicht schlecht!**: Not bad! | **kaute**: chewed | **eine ... nach der anderen**: one ... after the other | **Hui!**: Phew!

| **macht satt**: fills you up | **Nachtisch**: dessert | **Löffel**: spoon |
Schau!: Look! | **Luxus**: luxury | **pur**: pure |
Erdbeermarmelade: strawberry jam | **Pfirsichmarmelade**:
peach jam | **besonders**: especially | **Probier mal!**: Try it! | **(ich)
platze gleich**: (I'm) about to explode | **Siehst du?**: You see? |
gemütlich: cozy | **... würde ich es nicht nennen**: I wouldn't
call it ... | **gedämpft**: muffled | **Stimmen**: voices | **hob**: lifted |
von oben: from above | **wohin**: whereto | **führen**: lead | **nach
draußen**: to the outside | **Schnell!**: Quickly! | **aufeinander**: on
(top of) each other | **obendrauf**: on top | **Halt fest!**: Hold on
tight! | **wacklig**: wobbly | **nun**: now | **berühren**: touch |
Öffnung: opening | **Ist da jemand?**: Is anybody there? |
verstummte: fell silent | **hier unten**: down here | **Hilfe!**: Help!
| **sprach**: spoke | **irgendein ...:** ... of some sort | **Fremdsprache**:
foreign language | **Gib's auf!**: Give it up! | **klang**: sounded |
klar und deutlich: loud and clear | **Akzent**: accent |
eingeschlossen: locked in | **anrufen**: call | **wackelte**: wobbled |
gespeichert: stored | **(ich) kenne ... auswendig**: (I) know ... by
heart | **Stirn**: forehead | **Und was jetzt?**: Now what? |
abwarten und Tee trinken: wait and see | **Klopfen**: knocking
| **Gesicht**: face | **jung**: young | **Polizistin**: policewoman |
Taschenlampe: flashlight | **Funkgerät**: radio device | **Was
machst du denn hier?**: What are you doing here? | **das
Gleiche**: the same | **Kennt ihr euch?**: Do you know each
other? | **zugefallen**: fallen shut | **gewarnt**: warned | **doch**: yes |
wechselte ein paart Worte: exchanged a few words |

verabschiedete sich: said goodbye | **höflich**: politely | **offensichtlich**: obvious | **Treppe**: stairs | **ein letztes Mal**: one last time | **murmelte**: muttered | **Auf Nimmerwiedersehen!**: Goodbye forever!

 **Übung**

1. Dino findet ... im Schutzraum.

a) Marmeladengläser und Werkzeug

b) Marmeladengläser und Fotoalben

c) Marmeladengläser und eingelegte Gurken

2. Was ist das Problem mit Elisabeths Handy?

a) Der Akku ist leer.

b) Das Guthaben ist leer.

c) Es ist kaputt.

3. Dino und Elisabeth essen ...

a) Sojaschnitzel, Sauerkraut und Zwiebeln

b) Essiggurken, Sauerkraut und Zwiebeln

c) Hamburger, Sauerkraut und Zwiebeln

4. Zum Nachtisch gibt es ...

a) Marmelade

b) Kuchen

c) Eis

5. Woher kommen die Stimmen?

a) vom Boden

b) von der Wand

c) von der Decke

6. Dino klettert auf ...

a) drei Stühle

b) zwei Stühle und ein Lexikon

c) eine Leiter und zwei Stühle

7. Er ruft in ein ... hinein.

a) Marmeladenglas

b) Lüftungsrohr

c) Gurkenglas

8. Der Mann will ... rufen.

a) die Polizei

b) die Feuerwehr

c) Tante Vreni

9. Wer öffnet die Tür?

a) Annabel und eine Polizistin

b) Tante Vreni und eine Polizistin

c) ein Mann und eine Polizistin

10. Annabel ist ...

a) Elisabeths Cousine

b) Tante Vrenis Freundin

c) eine Polizistin

6. Reinfeiern

~

Wir saßen im Esszimmer. Elisabeths Cousine war eine junge Frau **von** ungefähr **zwanzig Jahren** mit blonden Zöpfen und grünem **Lippenstift**. Sie öffnete eine **Bierdose** und begann zu **erzählen**:

„Ich bin aus der Tram gestiegen und da habe ich das Polizeiauto vor dem Haus gesehen! **Um** das Auto

herum standen ein paar Männer. Sie redeten laut und **durcheinander** – auf Arabisch, glaube ich. Die Polizistin **notierte** alles auf einem kleinen **Block**".

Annabel **biss in** ein kaltes Sojaschnitzel und fragte: „Sorry, wollt ihr auch etwas essen?"

Elisabeth und ich schüttelten den Kopf.

„**Also**", **fuhr** Annabel **fort** und **trank aus** der Bierdose. „Ein Mann hat immer nur gesagt: ‚*Schutzraum, Schutzraum*' und hat auf ein Rohr gezeigt. Ich wusste sofort, **was los war!**"

„Du meinst, das ist **schon einmal** passiert?", fragte ich.

„Nicht nur *ein*mal", sagte Annabel und **leerte** die Bierdose mit einem **Schluck**. Sie **warf** die Dose in einen **Papierkorb** und **rülpste**. Dann steckte sie ein **Kaugummi** in den Mund.

„Aber du wohnst **nicht mehr** hier, oder?", fragte Elisabeth.

„Nein", sagte Annabel und kaute. „Ich wohne in einer **WG** in Basel. Bin gerade **mit dem Zug angekommen**."

„Ah", sagte ich. „Du **besuchst** deine Mutter."

„Meine Mutter?" Annabel lachte, **blies** eine **Kaugummiblase** und ließ sie **zerplatzen**. „Nein. Ich besuche ein paar alte **Schulfreunde**. Morgen ist mein **Geburtstag!**"

„Oh!", sagte ich. „**Herzlichen Glückwunsch!**"

„**Pscht!**", **zischte** Annabel.

„Habe ich **etwas Falsches** gesagt?", fragte ich.

„**Man sagt**, es bringt **Unglück**, wenn man *vor* dem Geburtstag **gratuliert**", erklärte Elisabeth. „Das ist so ein komischer **Aberglaube** in Deutschland und in der Schweiz."

„Wirklich?", sagte ich. „Und wann ist es *erlaubt*, zu gratulieren?"

„Erst **um Mitternacht** natürlich!", sagte Annabel. „Apropos! **Ich treffe gleich** meine Freunde zum **Reinfeiern**."

„Reinfeiern?", sagte ich.

„Das bedeutet, wenn man mit Freunden zusammen *in* den Geburtstag *hinein* feiert, also durch die Nacht", sagte Elisabeth. „Um Mitternacht können dann alle Leute gratulieren."

„Ah", sagte ich. „Verstehe. Keine Minute **früher** oder später. **Typisch**!"

„Wir feiern in einer kleinen Bar in der Altstadt", sagte Annabel. **„Warum kommt ihr nicht mit**?"

„Ich weiß nicht", sagte Elisabeth. „Wir hatten heute schon genug **Aufregung**, oder Dino?"

„Ja", sagte ich. „Ich bin **total fertig**!"

„Ach, kommt schon!", sagte Annabel. „**Es wird** euch **guttun**, ein bisschen **unter Leute** zu **gehen**. Und außerdem: es ist mein Geburtstag! Bitte, bitte!"

„Sie hat recht", sagte ich. **„Je weiter** ich von diesem Bunker entfernt bin, **desto** besser!"

„Na gut", sagte Elisabeth und seufzte.

Annabel schaute auf ihr rosa iPhone und sagte: „Ich wollte eigentlich nur meine **Sachen** hier **ablegen** und sofort **losgehen**. Meine Freunde warten schon."

Die Bar hieß „El Chapo" und befand sich in der Nähe des *Grossmünster*, eine große Kirche **inmitten** der Altstadt. Es war sehr **dunkel** in der Bar. Ein paar rote **Lampions** hingen von der Decke. Der Rest der **Einrichtung** war **vollkommen** schwarz. Eine große Fensterfront zeigte hinaus auf die *Limmat*, Zürichs **Fluss**.

Annabels Freunde saßen um einen langen Tisch herum: **kichernde** Mädchen mit zu viel **Schminke**, ein Typ mit **Rastalocken**, einer mit einem Heavy Metal T-Shirt, andere mit **Polohemden** und Zigaretten. Fast alle **begrüßten** Annabel und uns mit drei **Küsschen**. Das **dauerte** eine Weile.

Die jungen Leute schienen sehr nett, aber sie sprachen nur Schweizerdeutsch **miteinander** und Elisabeth und ich verstanden nicht viel. Es ist sehr **seltsam**. Die Schweizer können alle **Hochdeutsch** sprechen, aber ich habe das **Gefühl**, sie **tun es nicht** sehr **gerne**.

Elisabeth und ich saßen am Fenster, tranken Gin Tonics und blickten auf die **Lichter** der Stadt, die **sich** in der Limmat **spiegelten**. Wir waren müde und redeten nicht viel. Kurz vor Mitternacht **stand**en plötzlich alle Freunde von Annabel **auf** und begannen **rückwärts** zu **zählen**, natürlich auf Schweizerdeutsch: *„Zäh, nüün, achd, sibe, sächs, füüf, vier, drü, zwo, eis — Happy Birthday!"*

Um uns herum kam die Party langsam **in Schwung.** Gläser klirrten, Leute begannen zu **tanzen** und der **Lärmpegel stieg kontinuierlich** (der **Alkoholpegel** der Gäste **ebenso**).

Nach einer Weile kam Annabel zu uns und rief: „Wir gehen jetzt noch ins *Hive.* Kommt ihr mit?"

„Was ist das?", fragte ich. „Ein Club?"

„Ja", sagt Annabel. „Da ist heute Deep-House Night!"

„Danke für die **Einladung**", sagte Elisabeth und lächelte. „Aber ich glaube, ich bin **reif fürs Bett.**"

„Ja", sagte ich und gähnte. „Ich auch."

„Wie ihr wollt", sagte Annabel. „Oh, bevor ich es vergesse! **Kann ich** euch um einen kleinen **Gefallen bitten**?"

„Kommt darauf an", sagte Elisabeth. „Was gibt's?"

Annabel wischte sich eine **Strähne** von der Stirn

und sagte: „**Das ist mir** ein bisschen **peinlich** ...“

„Was ist denn?“, fragte Elisabeth.

„**Nun ja**“, sagte Annabel. „Ich habe mein **Porte-monnaie** zu Hause vergessen. Könnt ihr vielleicht die **Rechnung** für den Abend **bezahlen?**“

„Was?“, sagte Elisabeth. „Du hast dein Portemonnaie vergessen? In der Villa?“

„Ja. **Ehrenwort!**“, sagte Annabel. „Ich **gebe** euch das **Geld** morgen sofort **zurück.**“

„Natürlich helfen wir dir!“, sagte ich und hob mein Glas.

„Moment!“, sagte Elisabeth. „Bist du sicher, Dino?“

„**Aber klar!**“, rief ich. „Sie hat uns aus dem Bunker gerettet! Und jetzt helfen wir *ihr!* Eine Hand **wäscht** die andere!“

„Wie du meinst ...“, sagte Elisabeth.

„Ihr seid die Besten!“, rief Annabel und küsste Elisabeth und mich auf die Wange. Ich **spürte** den Gin in meinem Kopf. Annabel machte schnell ein Selfie mit uns und verließ die Bar mit ihren Freunden.

Wenig später erschien ein Kellner mit einem

silbernen **Tablett** und einer schwarzen **Mappe**. Ich öffnete die Mappe und lachte.

„Was ist?", fragte Elisabeth.

„Das muss ein **Druckfehler** sein!", sagte ich und zeigte auf die Rechnung. „700 Franken?"

Elisabeth begann zu **lesen** und schüttelte langsam den Kopf. „Nein. Das ist kein Druckfehler. Hier, schau! Da ist die **komplette Auflistung** der **Getränke**."

„200 Franken für eine Flasche Tequila?", sagte ich. „Und 100 für den Gin? Das ist doch **Wahnsinn!**"

Elisabeth zuckte mit den Achseln und sagte: „*Du hast gesagt, du willst die Rechnung bezahlen. Nicht ich.*"

„Ach, **was soll's**?", sagte ich und legte meine Bankkarte auf das Tablett. „**Versprochen ist versprochen**. Und außerdem ist es ja nicht *mein* Geld. **Also**, nicht *wirklich*."

~

von ... Jahren: aged ... | **zwanzig**: twenty | **Lippenstift**: lipstick | **Bierdose**: beer can | **erzählen**: tell | **um ... herum**: around the ... | **durcheinander**: in confusion | **notierte**: took notes | **Block**: pad | **biss in**: bit into | **Also, ...**: Well, ... | **fuhr fort**: continued | **trank aus**: drank from | **was los war**: what was going on | **schon einmal**: once before | **leerte**: emptied | **Schluck**: sip | **Papierkorb**: paper bin | **warf**: threw | **rülpste**: burped | **Kaugummi**: chewing gum | **nicht mehr**: not any longer | **WG**: shared apartment | **mit dem Zug angekommen**: arrived by train | **(du) besuchst**: (you) visit | **blies**: blew | **Kaugummiblase**: gum bubble | **zerplatzen**: burst | **Schulfreunde**: classmates | **Herzlichen Glückwunsch!**: Congratulations! | **Pscht!**: Psst! | **zischte**: hissed | **Geburtstag**: birthday | **etwas Falsches**: something wrong | **man sagt**: they say | **Unglück**: bad luck | **gratuliert**: congratulates | **Aberglaube**: superstition | **erlaubt**: allowed | **um Mitternacht**: at midnight | **Ich treffe gleich ...**: I'm going to meet ... soon | **Reinfeiern**: the process of celebrating through the night before a birthday | **früher**: earlier | **typisch**: typical | **Warum kommt ihr nicht mit?**: Why don't you [pl.] come along? | **Aufregung**: excitement | **total fertig**: totally exhausted | **Es wird euch guttun!**: It will do you [pl.] good! | **unter Leute gehen**: be among people | **je weiter ... desto besser**: the further ... the better | **Na gut**: Well, okay then. | **Sachen**: things | **ablegen**: drop | **losgehen**: get going | **inmitten**: in the middle of | **dunkel**: dark | **Lampions**: Chinese lanterns | **Einrichtung**:

furniture | **vollkommen:** completely | **Fluss:** river | **kichernd:** giggling | **Schminke:** make-up | **Rastalocken:** dread locks | **Polohemd:** polo shirt | **begrüßte:** say hello | **Küsschen:** Peck | **dauerte (eine Weile):** took (a while) | **miteinander:** together | **seltsam:** strange | **Hochdeutsch:** standard German | **Gefühl:** feeling | **tun es nicht gerne:** don't like to do it | **Lichter:** lights | **sich spiegelte:** reflected | **stand auf:** stood up | **rückwärts:** backwards | **zählen:** to count | **um uns herum:** all around us | **kam in Schwung:** gained momentum | **tanzen:** dance | **Lärmpegel:** noise level | **stieg:** rose | **kontinuierlich:** continually | **Alkoholpegel:** alcohol level | **ebenso:** as well | **Einladung:** invitation | **reif fürs Bett:** ready for bed | **Wie ihr wollt!:** Suit yourselves! | **Kann ich … um einen Gefallen bitten?:** Can I ask … for a favor? | **Strähne:** strand | **Das ist mir peinlich.:** I'm embarrassed. | **Nun ja, …:** Oh well, … | **Portemonnaie:** wallet | **die Rechnung bezahlen:** pay the bill | **Ehrenwort!:** Cross my heart! | **(ich) gebe .. zurück:** (I) will give back … | **Geld:** money | **Aber klar!:** Sure! | **wäscht:** washes | **spürte:** felt | **Tablett:** tray | **Mappe:** folder | **Druckfehler:** printing error | **lesen:** read | **komplett:** complete | **Auflistung:** listing | **Getränke:** drinks | **Wahnsinn:** insanity | **Was soll's?:** What the hell? | **Versprochen ist versprochen.:** A promise is a promise. | **also, …:** that is, …

Übung

1. Annabel ist ungefähr ... alt.

a) zwanzig

b) dreißig

c) vierzig

2. Annabel wohnt in ...

a) Zürich

b) Basel

c) Bern

3. Was macht sie in Zürich?

a) Sie besucht alte Schulfreunde.

b) Sie besucht ihre Mutter.

c) Sie besucht ihren Freund.

4. Man sagt, es bringt Unglück, wenn ...

a) man vor dem Geburtstag gratuliert

b) um Mitternacht gratuliert

c) nach dem Geburtstag gratuliert

5. Wo ist die Bar?

a) am Hauptbahnhof

b) in der Altstadt

c) auf dem Zürichberg

6. Was ist die Limmat?

a) ein Fluss

b) ein Berg

c) ein See

7. Annabel fragt, ob Dino und Elisabeth ...

a) die Rechnung gesehen haben

b) ihr Portemonnaie vergessen haben

c) die Rechnung bezahlen können

8. Sie will das Geld ... zurückgeben.

a) am nächsten Morgen

b) in der nächsten Woche

c) im nächsten Monat

9. Dino will Annabel helfen, weil ...

a) sie sehr nett ist

b) sie ihn und Elisabeth gerettet hat

c) sie Elisabeths Cousine ist

10. Warum lacht er, als die Rechnung kommt?

a) Die Rechnung ist sehr hoch.

b) Es gibt einen Druckfehler.

c) Die Rechnung ist nicht sehr hoch.

7. Natur pur

~

Wir wachten um viertel vor neun auf. Elisabeth rieb sich die Augen und sagte: „Guten Morgen, Dino!"

„Morgen", **brummte** ich und umarmte ein **Kissen**.

Sie stand auf, ging zum Fenster, zog den Vorhang

beiseite und Sonnenlicht **flutete** das kleine Zimmer.

„Es ist ein **wunderschön**er Tag!", rief sie.

Ich gähnte und sagte: „Ich hatte einen seltsamen **Traum**."

„Von einem Bunker?", fragte Elisabeth.

„**Woher weißt du das**?", sagte ich und streckte meine Arme.

„Sorry, Dino", sagte sie und lächelte. „Das war kein Traum."

„Oh", sagte ich. „Auch das mit der Bar und den **fliegend**en **Polizeihund**en?"

„Fliegende Polizeihunde?", sagte Elisabeth und lachte. „Nein. Das hast du **geträumt**."

„Das ist gut", sagte ich. „In dem Traum habe ich **nämlich** diese verrückte Rechnung bezahlt. Und dann **kamen** diese Polizeihunde durch ein Fenster **geflogen**! So ein Unsinn!"

„Oh", sagte Elisabeth. „Nein. Die Rechnung hast du **tatsächlich** bezahlt."

„Was?", rief ich und setzte mich **aufrecht**. „700 Franken für Getränke?"

„Ja", sagte sie. „Ich glaube, du warst ein bisschen **betrunken.**"

„Aber **warum hast du mich nicht davon abgehalten?**", rief ich und **gestikulierte** mit den Armen.

„Ich habe es versucht", sagte sie. „Aber **du wolltest nicht auf mich hören.**"

„Oh Mann!", sagte ich. „Aber deine Cousine gibt mir das Geld **sicherlich** wieder zurück. Nicht wahr?"

„Ich weiß nicht", sagte Elisabeth und warf die Hände in die Luft. „Das musst du sie selbst fragen."

Ich stand auf, ging ins **Badezimmer** und **duschte.** Dann **rasierte ich mich, zog mich an** und verließ das Zimmer. Es war sehr still in dem Haus.

„Hallo?", rief ich in das leere Wohnzimmer. „Tante Vreni? Annabel?"

„Sie sind nicht zu Hause", sagte Elisabeth hinter mir. „Meine Tante hat mir gerade eine **Nachricht geschickt.** Hier: ‚Sorry, komme etwas später. Gruß, Vreni.'"

„Und wo ist deine Cousine?", fragte ich.

„Moment", sagte Elisabeth und wischte auf ihrem Handy herum. „Ah ja, sie ist auf einer After-Show-Party."

„Woher weißt du das?", fragte ich.

„Meine kleine Cousine postet ihr ganzes Leben auf Twitter und Instagram", sagte sie. „Hier schau!" Sie zeigte mir ein **verschwommen**es Foto. Ich **erkannte** ein paar von Annabels **Freundinnen**. Sie **posierten** für die Kamera und machten dieses komische **Entengesicht**. Unter dem Foto **stand**: „Mega Afterhour im *Flamingo*. #Hurigeil!" Dann folgten ein paar **Herz**- und Tanz-Emojis.

„Was bedeutet das?", fragte ich.

„*Hurigeil?*", sagte Elisabeth. „Das ist Schweizer Slang für ‚super' oder ‚cool'."

„Ah", sagte ich. „Und was machen wir jetzt?"

„Das kann eine Weile dauern, bis Annabel zurückkommt", sagte sie. „Komm, wir essen erst einmal **Frühstück**!"

„Mein **Magen fühlt sich an wie** ein **Schlachtfeld**", sagte ich. „Das Sauerkraut, die Marmelade und die Gin Tonics waren keine gute Kombination, glaube ich ..."

Wir tranken **jeder** eine große Tasse Kaffee und aßen ein paar **Käsebrot**e. Dann fragte Elisabeth: „Was wollen wir heute machen, Dino?"

„Irgendwas Entspanntes", sagte ich und schlürfte meinen Kaffee.

„Wir **könnten wandern** gehen", sagte sie. „Auf dem *Uetliberg* vielleicht?"

„Wandern?", sagte ich. „Ja. Warum nicht?"

Nach dem Frühstück fuhren wir mit der Tram zum **Hauptbahnhof**. **Von dort** nahmen wir die *Uetlibahn*. So heißt der Zug, der auf den Uetliberg **hinauffährt**.

Wir fuhren zuerst durch einen langen Tunnel. Dann verließen wir die Stadt und fuhren langsam **bergaufwärts**. Durch die Fenster sahen wir nichts als **Bäume**. Ich **las** in einer **Broschüre**, dass der Uetliberg 869 Meter **hoch** ist. Die Fahrt dauerte circa zwanzig Minuten. An der **Endstation** stiegen wir aus.

Auf dem Berg **wehte** eine frische **Brise**. Der Himmel war **strahlend** blau. Wir blickten **hinab** auf den Zürichsee. Die Stadt schien plötzlich sehr klein. Um uns herum sah ich viele andere Berge und im Hintergrund die **ewig**en Gipfel der Alpen.

„Wow! **Was für eine Aussicht!**", rief ich.

Elisabeth nickte und sagte: „Komm, ich zeige dir den **Aussichtsturm**! Von dort hast du die komplette **Übersicht**."

Wir gingen zu einer **Stahlkonstruktion** und **stieg**en **eine Menge** Stufen **hinauf**, bis wir eine kleine Plattform **erreichten**. Die Aussicht war atemberaubend. **Überall** Berge, **Täler** und **Seen, so weit das Auge reichte**!

„**Dort drüben** ist Deutschland!" sagte Elisabeth und zeigte mit dem Arm nach **Norden**. „Weniger als 50 Kilometer."

„Wirklich?", sagte ich. „So **nah**!"

„Und doch so **fern**", sagte sie.

„Wie meinst du?", sagte ich.

„Meine Großmutter hat mir einmal erzählt, wie sie

als kleines **Mädchen** mit ihren Eltern über die **Grenze** geflohen ist", sagte Elisabeth. „Es war ein langer **Weg**."

„Sind sie **zu Fuß** gegangen?", fragte ich.

„Ja", sagte Elisabeth. „Sie sind durch den Wald **gerannt**. Mitten in der Nacht. Es war sehr kalt und der Boden war **vereist**. **Die ganze Zeit** haben sie die Hunde der deutschen **Grenzwächter** hinter sich gehört. Aber sie haben es **irgendwie** geschafft!"

„Was für ein **Glück**!", sagte ich.

Elisabeth nickte. „Meine Oma hat immer gesagt, **Gott** hat ihnen **geholfen**, wie damals beim **Auszug aus Ägypten**. Aber ich glaube auch, sie hatten einfach nur sehr großes Glück."

„Und **ist** sie jemals wieder in Deutschland **gewesen**?", fragte ich.

„Nein", sagte Elisabeth. „**Komischerweise** nicht. Sie hat immer gesagt, Deutschland ist ihre **wahre Heimat**. Trotzdem ist sie nie wieder **zurückgekehrt**."

„Mmh", sagte ich. „Verstehe."

„**Es wird** langsam **kalt hier oben**", sagte Elisabeth und rieb ihre Arme. Wir verließen den Turm und gingen in ein kleines Café. Dort tranken wir heiße Schokolade und aßen *Züriläckerli*, eine Art Marzipan. **Danach ging**en wir **spazieren**. Es war sehr still auf dem Uetliberg. Wir hörten nur die **Vögel** und den Wind. **Ab und zu** sahen wir andere **Spaziergänger**.

„Ich habe vergessen, wie das ist", sagte ich. „Kein **Straßenlärm**, kein Stress! Natur pur."

„Ja", sagte Elisabeth. „In der Stadt vergisst man sehr schnell, dass der ganze Lärm eigentlich nicht normal ist."

„Apropos Stadt", sagte ich. „Wie oft fährt die Bahn eigentlich?"

„Jede halbe Stunde", sagte Elisabeth.

„Und wie viel Uhr ist es jetzt?", fragte ich.

„Moment", sagte Elisabeth und nahm ihr Handy aus der Hosentasche. „Oh, verdammt! Mein Akku ist leer."

„Was?", sagte ich. „Schon wieder?"

„Ich habe vergessen, das Handy gestern Nacht aufzuladen", sagte sie. „Und heute Morgen habe ich das Haus mit 20 Prozent verlassen ..."

„Jetzt reicht's!", sagte ich und lachte. „Ich kaufe dir eine **Armbanduhr**, Elisabeth!"

„Okay", sagte sie nach einer kurzen Pause. **„Unter einer Bedingung!"**

„Ja?", sagte ich.

„Nur, wenn du endlich ein Handy bekommst!", sagte sie.

„Aber ich *will* kein Handy!", sagte ich.

„Wie du meinst", sagte sie und lächelte. „Aber dann will *ich* auch keine Uhr."

„Mmh", brummte ich. „Na gut."

„Abgemacht!", sagte sie und schüttelte meine Hand.

~

brummte: grumbled | **Kissen**: pillow | **flutete**: flooded |
wunderschön: wonderful | **Traum**: dream | **Woher weißt du
das?**: How do you know (that)? | **fliegend**: flying |
Polizeihund: police dogs | **geträumt**: dreamed | **nämlich**:
because | **kamen geflogen**: came flying | **tatsächlich**:
indeed/in reality | **aufrecht**: upright | **betrunken**: drunk |
Warum hast du mich nicht davon abgehalten?: Why didn't
you stop me? | **gestikulierte**: gesticulated | **Du wolltest nicht
auf mich hören!**: You didn't want to listen to me! | **sicherlich**:
surely | **Badezimmer**: bathroom | **duschte**: showered | **(ich)
rasierte mich**: (I) shaved | **(ich) zog mich an**: (I) got dressed |
Nachricht: message | **geschickt**: sent | **verschwommen**:
blurred | **erkannte**: recognized | **Freundinnen**: girlfriends |
posierte: posed | **Entengesicht**: duck face | **stand**: (it) said |
Herz: heart | **Frühstück**: breakfast | **Magen**: stomach | **fühlt
sich an wie**: feels like | **Schlachtfeld**: battlefield | **jeder**: each |
Käsebrot: cheese sandwich | **irgendwas Entspanntes**:
something relaxed | **könnte**: could | **wandern**: hiking |
Hauptbahnhof: central station | **von dort**: from there |
hinauffährt: goes up | **bergaufwärts**: uphill | **Bäume**: trees |
las: read | **Broschüre**: brochure | **hoch**: high | **Endstation**: final
stop | **wehte**: was blowing | **Brise**: breeze | **strahlend**: radiantly
| **hinab**: down | **ewig**: eternal | **Was für eine Aussicht!**: What a
view! | **Aussichtsturm**: observation tower | **Übersicht**:
overview | **Stahlkonstruktion**: steel construction | **stieg
hinauf**: climbed up | **eine Menge**: a lot | **erreichte**: reached |

überall: everywhere | **Täler**: valleys | **Seen**: lakes | **so weit das Auge reichte**: as far as the eye could reach | **dort drüben**: over there | **Norden**: north | **(so) nah**: (so) close | **(so) fern**: (so) far | **Mädchen**: girl | **Grenze**: border | **Weg**: way | **zu Fuß**: on foot | **gerannt**: ran | **vereist**: icy | **die ganze Zeit**: the whole time | **Grenzwächter**: border guard | **irgendwie**: somehow | **Glück**: luck | **Gott**: God | **geholfen**: helped | **Auszug aus Ägypten**: exodus from Egypt | **ist ... gewesen**: has been ... | **jemals wieder**: ever again | **komischerweise**: strangely enough | **wahre Heimat**: true home | **zurückgekehrt**: returned | **Es wird kalt.**: It's getting cold. | **hier oben**: up here | **danach**: afterwards | **ging ... spazieren**: went for a walk | **Vögel**: birds | **ab und zu**: from time to time | **Spaziergänger**: walkers | **Straßenlärm**: street noise | **Jetzt reicht's!**: That does it! | **Armbanduhr**: wristwatch | **unter einer Bedingung**: under one condition | **Abgemacht!**: Settled!

Übung

1. Elisabeth und Dino wachen ... auf.

a) um halb acht

b) um Viertel vor acht

c) um Viertel vor neun

2. Dino hatte einen ... Traum.

a) wunderbaren

b) seltsamen

c) schrecklichen

3. Er hat von ... geträumt.

a) fliegenden Polizeiautos

b) fliegenden Rechnungen

c) fliegenden Polizeihunden

107

4. Aber die Rechnung hat Dino ... bezahlt.

a) nur im Traum

b) tatsächlich

c) nicht wirklich

5. Wo ist Annabel?

a) auf einer After-Show-Party

b) in einem Zug zurück nach Basel

c) im Bett

6. Wie lange dauert die Fahrt mit der Uetlibahn?

a) ca. 2 Minuten

b) ca. 20 Minuten

c) ca. 30 Minuten

7. Elisabeths Großmutter und ihre Eltern sind ... gerannt.

a) in der Nacht durch den Wald

b) in der Nacht über einen Berg

c) am Tag durch den Wald

8. Elisabeths Oma ist ... nach Deutschland zurückgekehrt.

a) sehr oft

b) manchmal

c) nie wieder

9. Zürliläckerli sind eine Art ...

a) Schokolade

b) Marzipan

c) Käse

10. Warum will Dino Elisabeth eine Uhr kaufen?

a) Der Akku ihres Handys ist schon wieder leer.

c) Sie kommt immer zu spät.

c) Sie hat ihre Uhr zu Hause vergessen.

11. Elisabeth macht Dino eine Bedingung. Sie will nur eine Uhr, wenn Dino ... bekommt.

a) auch eine Uhr

b) ein Handy

c) einen Computer

8. Schweizer Qualität

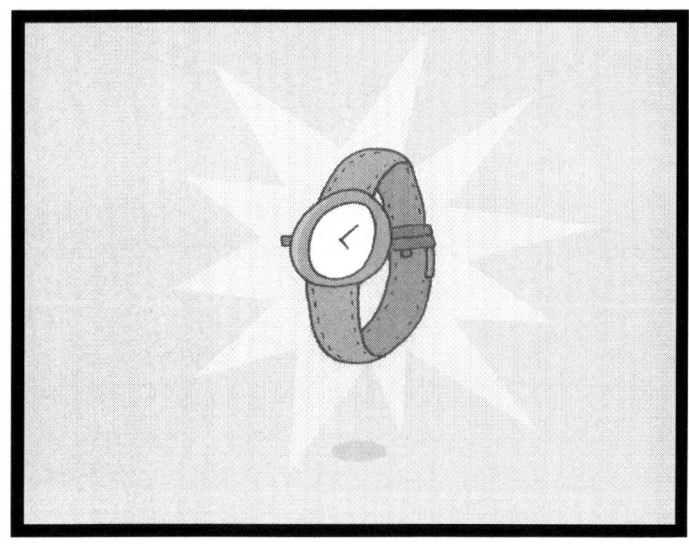

~

Innerhalb von 20 Minuten waren wir wieder zurück in der Innenstadt. Wir stiegen aus dem Zug und hörten die **Ansage**n des Bahnhofs, das **Zischen** der Züge, **Rollkoffer** auf Beton und **klingelnde** Handys.

„Es ist so **laut** hier!", sagte ich zu Elisabeth.

„**Im Vergleich zu** anderen **Großstädte**n ist Zürich eigentlich relativ leise", sagte sie. „Aber im Vergleich zum Uetliberg ..."

„**Stimmt**", sagte ich. Wir verließen den Bahnhof und **gingen zwischen** Taxis, Bussen und Trams **hindurch**.

„**Also gut**", begann ich. „Wo kann man hier Uhren kaufen?"

„Gute Frage", sagte Elisabeth und zeigte auf die **gegenüberliegende Straßenseite**. „Da vorne ist die Bahnhofstrasse. Dort gibt es viele Uhrenläden. Aber es ist alles viel zu teuer!"

„Na ja", sagte ich. „Eine einfache Uhr kann nicht so teuer sein, oder?"

„**Das glaubst du vielleicht**", sagte Elisabeth.

„Okay, ich habe eine Idee!", sagte ich. „Ich suche jetzt nach einer Uhr für dich. Alleine. Und du kannst **meinetwegen** ein Telefon **besorgen**. In einer Stunde treffen wir uns hier auf dem Bahnhofplatz wieder, in Ordnung?"

„**Alles klar**", sagte Elisabeth. „**Bis später!**"

Die Bahnhofstrasse ist eine Fußgängerzone mit **unzählig**en Boutiquen, **Kaufhäusern**, Luxus-Hotels und **Schmuckläden**. Es war sehr **voll**. Eine japanische Touristengruppe fotografierte **sorgfältig** jedes **Schaufenster**. Vor mir liefen ein paar Frauen in Burkas neben Männern mit schweren **Einkaufstüten**. Ich ging über die Bahnhofstrasse und hörte Englisch, Französisch, Italienisch und viele andere Sprachen.

Vor einem kleinen **Geschäft** hielt ich an. Der Laden hieß *Budget-Watch* und auf einem Schild stand: „Schweizer **Qualität** zu fairen Preisen."

Ich ging durch die Tür in den Laden. Über mir klingelte ein **Glöckchen**. Der Laden war kaum größer als **fünfzehn Quadratmeter**. Hinter dem **Tresen** stand ein **älterer Herr** mit grauem Haar und **Brille**. In einer **Vitrine** glitzerten **Dutzende** von Uhren.

„Grüezi!", sagte ich.

Der Mann **musterte mich** mit einem **kritisch**en Blick und sagte: „Kann ich Ihnen helfen?"

„Ich ... ähm", sagte ich. „Ich suche eine Uhr. Für meine Freundin."

Der Mann nickte und nahm eine goldene Uhr mit kleinen **Diamanten** aus der Vitrine. „Dies hier ist eine *Alpina Comtesse* mit **Saphirglas**, 18 Karat Gold und 45 kleinen Diamanten. Im **Sonderangebot** für 1400 Franken. Original Schweizer **Handarbeit**."

„Ah", sagte ich und lächelte. „Haben Sie vielleicht etwas ... Simpleres?"

Der Mann runzelte die Stirn und legte die Uhr zurück in die Vitrine. Dann sagte er: „**Wie wäre es mit** einer **sportlich**en **Variante**?" Er nahm eine silberne Uhr aus der Vitrine. „Dies ist eine *Breitling* mit **Edelstahlgehäuse**, **wasserdicht** bis 150 Meter, graues **Ziffernblatt**, nur 800 Franken!"

Ich **hustete**. „Achthundert?"

„Ist Ihnen dieses Exemplar nicht ... simpel genug?", fragte der Verkäufer.

„Ehrlich gesagt, nein", sagte ich und seufzte. „Was ist die **billigste** Uhr, die sie **im Angebot haben**?"

„Die *Billigste*?", sagte der Verkäufer und **spitzte**

die Lippen. Dann öffnete er eine **Schublade** hinter sich, nahm eine **Schachtel** heraus und legte sie auf den Tresen. „So", sagte er. „Dies ist eine Schweizer **Markenuhr** von *Omega* für das ... *kleine* Portemonnaie. Sportlich, robust, ohne **Schnickschnack**."

Er öffnete die Schachtel und zeigte mir die Uhr. Sie hatte ein **schmal**es schwarzes **Lederarmband** und ein ovales weißes Ziffernblatt. „Sehr schön", sagte ich. „Wie viel?"

„299,99", sagte der Mann und schaute mich **erwartungsvoll** an. „Billiger **geht es** nun *wirklich* **nicht!**"

„Mmh", sagte ich. „Kann ich Sie etwas fragen?"

„**Gerne**", sagte der Mann und **rückte** seine Brille **zurecht**.

„Was ist der **Unterschied** zwischen Ihren Uhren und einer billigen Uhr aus China?" Der Mann **kniff die Augen zusammen**. „Ich meine, warum sind diese Uhren so teuer?", fragte ich.

„Junger Mann", sagte der Verkäufer und lächelte. „Die Leute kommen aus der ganzen Welt zu uns, um

Schweizer Qualität zu kaufen."

„Mag sein", sagte ich. „Aber **ist es das wert?**"

„Ich will nicht **urteilen**", sagte der Verkäufer.

„Jedem das Seine. Aber Qualität hat ihren Preis."

„Mmh", sagte ich und schaute auf die Schachtel.

„Angenommen, ich nehme diese Uhr. Bekomme ich eine **Garantie?**"

„Selbstverständlich", sagte der Verkäufer. „Für dieses Modell bekommen Sie 24 Monate Garantie. **Reparaturen** sind in dieser **Frist** natürlich **kostenlos.**"

„Also gut", sagte ich. „Ich nehme die Uhr."

„Gute **Wahl!**", sagte der Verkäufer. „Sie werden es nicht **bereuen.** Wie möchten Sie bezahlen? In **bar** oder mit Karte?"

Ich gab dem Verkäufer meine Bankkarte. Er zog sie durch einen **Kartenleser** und sagte: „Einen Moment bitte!"

Ich wartete und schaute auf die glitzernden Uhren in der Vitrine. Einige Modelle waren so mit Diamanten **verkrustet**, dass man kaum die **Uhrzeit** lesen konnte.

„**Entschuldigen Sie bitte**", sagte der Herr. „Aber wir haben ein kleines Problem mit ihrer Karte."

„Was?", sagte ich. „Was für ein Problem?"

„Haben Sie vielleicht eine andere Karte?", fragte der Verkäufer. „Oder **Bargeld**?"

„Nein", sagte ich. „Leider nicht."

~

innerhalb: within | **Ansage**: announcement | **Zischen**: hissing | **Rollkoffer**: trolley bag | **laut**: loud | **klingelnd**: ringing | **im Vergleich zu**: in comparison with | **Großstädte**: big cities | **Stimmt!**: Agreed! | **ging hindurch**: went through | **zwischen**: in between | **Also gut.**: All right then. | **gegenüberliegend**: opposite | **Straßenseite**: side of the street | **Das glaubst du vielleicht.**: That's what you think. | **meinetwegen**: for all I care | **besorgen**: procure | **Alles klar.**: You got it. | **Bis später!**: See you later! | **unzählig**: countless | **Kaufhäuser**: department stores | **Schmuckläden**: jewelry stores | **voll**: crowded | **sorgfältig**: meticulously | **Schaufenster**: shop window | **Einkaufstüte**: shopping bag | **Geschäft**: shop | **Qualität**: quality | **Glöckchen**: little bell | **fünfzehn**: fifteen | **Quadratmeter**: square meters | **Tresen**: counter | **älterer Herr**: elderly man | **Brille**: glasses | **Vitrine**: showcase | **Dutzende**: dozens | **musterte mich**: examined me | **kritisch**: critical | **Saphirglas**: sapphire glass | **Diamanten**: diamonds | **Sonderangebot**: special offer | **Handarbeit**: handicraft | **Wie wäre es mit ...?**: How about ...? | **sportlich**: casual | **Variante**: variant | **Edelstahlgehäuse**: stainless steel housing | **wasserdicht**: waterproof | **Ziffernblatt**: clock-face | **hustete**: coughed | **(die) billigste (Uhr)**: (the) cheapest (watch) | **im Angebot haben**: have on offer | **(er) spitzte die Lippen**: (He) pursed (his) lips | **Schublade**: drawer | **Schachtel**: case | **Markenuhr**: brand watch | **Schnickschnack**: frills | **schmal**: slender | **Lederarmband**: leather bracelet | **erwartungsvoll**:

expectantly | **es geht nicht**: it's not possible | **Gerne.**: With pleasure. | **rückte (seine) ... zurecht**: adjusted (his) ... | **Unterschied**: difference | **(er) kniff die Augen zusammen**: (He) narrowed (his) eyes | **Ist es das wert?**: Is it worth it? | **urteilen**: judge | **jedem das Seine**: to each his own | **Angenommen ...**: Suppose (that) ... | **Garantie**: warranty | **selbstverständlich**: of course | **Reparaturen**: repairs | **Frist**: period | **kostenlos**: free | **Wahl**: choice | **bereuen**: regret | **bar**: cash | **Kartenleser**: card reader | **verkrustet**: encrusted | **Uhrzeit**: time of day | **Entschuldigen Sie bitte!**: Excuse me please! | **Bargeld**: money in cash

 **Übung**

1. Dino und Elisabeth gehen ... über die Bahnhofstrasse.

a) zusammen

b) alleine

c) in einer Gruppe

2. Auf der Bahnhofstrasse gibt es unzählige ...

a) Gartenhäuser, Luxus-Hotels und Schmuckläden

b) Kaufhäuser, Luxus-Hotels und Dönerläden

c) Kaufhäuser, Luxus-Hotels und Schmuckläden

3. Die Alpina Comtesse hat ...

a) ein Edelstahlgehäuse und ein graues Ziffernblatt

b) 45 kleine Diamanten

c) ein schwarzes Lederarmband

4. Dino will die Uhr von ... kaufen.

a) Omega

b) Alpina

c) Breitling

5. Es gibt ... Garantie auf die Uhr.

a) 12 Monate

b) 24 Monate

c) 36 Monate

6. Dino will ... bezahlen.

a) mit Karte

b) mit Scheck

c) in bar

7. Aber es gibt ein Problem mit ...

a) der Uhr

b) seiner Karte

c) dem Kartenleser

9. Zwei Deals

~

Ich ging zum nächsten Bankomat und schaute auf mein Konto. Nach dem Eistee, der Rechnung des „El Chapo" und verschiedenen Tram-, Bus- und Bahntickets **hatte** ich genau 295 Franken und 34 Rappen **übrig**. Es **fehlte** nicht viel für die Uhr! Ich seufzte und ging zurück zum Bahnhof. Elisabeth wartete

bereits auf mich.

„Hey!", rief sie und **winkte**. „Bist du schon fertig?"

„Ja", sagte ich. „Aber ich habe leider keine Uhr **gekauft**. Sogar das billigste Modell war zu teuer für mich!"

„**Kopf hoch!**", sagte Elisabeth. „Ich habe eine **Überraschung** für dich."

Wir gingen in ein kleines Café, setzten uns an einen kleinen Tisch in der Ecke und **bestellte**n zwei **Mineralwasser**. Elisabeth gab mir eine **Plastiktüte**.

„Was ist das?", fragte ich.

„Dein Handy natürlich!", sagte sie und nahm eine Schachtel aus der Tüte.

„Aber ich habe keine Uhr für dich!", sagte ich.

„Willst du es dir nicht zumindest einmal anschauen?", sagte Elisabeth.

Ich öffnete die Schachtel und nahm das Telefon heraus. Die **Rückseite** des Smartphones war aus **gebürstet**em Metall. Es war sehr **dünn** und **leicht**.

„Nicht schlecht", sagte ich und drehte das **Gerät**

in meinen Händen. „Ich hoffe, es war nicht zu teuer."

„Keine Sorge", sagte sie. „Ich habe einen guten Deal gemacht. Hier, schau!" Sie drückte auf einen Knopf und der Bildschirm begann zu leuchten.

„Und jetzt?", fragte ich.

„**Gib** deine Email-Adresse und dein Passwort **ein!**", sagte sie.

„Okay?", sagte ich und **tat** es. Ich sah eine **Meldung** auf dem Bildschirm: „Bitte warten ..." Nach ein paar Sekunden erschien plötzlich Alfredos Gesicht, **daneben** eine Nachricht: „Ciao, Dino!"

„Hey, ich habe eine Email!", sagte ich und zeigte Elisabeth den Bildschirm. „Von Alfredo!"

„Das ist keine Email", sagte Elisabeth.

„SMS?", fragte ich.

„Nein", sagte sie und schüttelte den Kopf. „Das ist eine Instant Message."

„**Häh?**", sagte ich. „Aber Alfredo kennt nur meine Email-Adresse. Wie kann er mir Nachrichten schreiben?"

„Keine Ahnung", sagte sie. „**Wahrscheinlich** hat

das Telefon deine Email-Kontakte **automatisch** mit der Messaging-App **verknüpft**."

„Und wie kann ich ihm **zurückschreiben**?", fragte ich.

„Hier!", sagte sie und zeigte auf einen Knopf.

„Hallo, Alfredo", tippte ich. „Wie geht es dir?"

Das Telefon machte ein Geräusch und ich sah eine neue Nachricht: „*Ciao*, Dino!"

„Wow!", sagte ich. „Das geht so schnell. Viel besser als Email!"

„Habe ich es dir nicht gesagt?", sagte Elisabeth und lächelte. „So. **Ich muss mal für kleine Mädchen**."

Sie verließ den Tisch und ging in Richtung der Toiletten. Ich starrte auf den Bildschirm meines neuen Telefons und **überlegte** kurz. Dann begann ich, eine neue Nachricht zu **verfassen**: „Alfredo! Ich habe ein kleines Problem."

Er antwortete sofort: „Brauchst du Geld?"

Ich erzählte ihm von der Uhr für Elisabeth und den **fehlende**n Franken.

127

„OK. Ich überweise dir etwas", schrieb er.

„Aber nicht zu viel, bitte!", schrieb ich. „Ich habe eigentlich genug Geld. Aber jemand **schuldet mir** eine große **Summe**."

„In Ordnung. Ich habe dir gerade etwas überwiesen."

„Wie lange dauert es, bis das Geld auf meinem Konto ankommt?"

„Wie lange? Du bist lustig, Dino! Es ist schon da."

„Alfredo!", tippte ich. „Du bist der Beste!"

„Worauf wartest du?", schrieb er zurück. „Kauf die Uhr! Eine Frau wie Elisabeth findest du **nicht jeden Tag**!" Dann **schickte** er ein **Zwinkersmiley**.

Ich schaute von dem Bildschirm auf. Elisabeth war **noch immer** auf der Toilette. Ich steckte mein neues Telefon in die Hosentasche und rannte aus dem Café, sprang zwischen zwei Taxis hindurch, **hetzte** über die Bahnhofstrasse und **riss** die Tür des Uhrenladens **auf**, so dass das Glöckchen über mir **heftig schepperte**.

„Haben Sie die Uhr noch?", fragte ich **schnau-**

fend.

Der Verkäufer runzelte die Stirn. Aber dann öffnete er eine Schublade und nahm die Uhr heraus. Ich gab ihm abermals meine Bankkarte. Er zog sie durch den Kartenleser und nickte. „Alles in Ordnung", sagte er. „Brauchen Sie eine **Tüte**?"

Ich schüttelte den Kopf, **schnappte** die Schachtel mit der Uhr und rannte zur Tür.

„Mein Herr!", rief der Verkäufer. Ich drehte mich um. „Ihre Karte!"

„Oh!", sagte ich. „Danke!" Ich steckte die Karte in mein Portemonnaie, öffnete die Tür und rannte zurück über die Bahnhofstrasse — zwischen Touristengruppen hindurch, an Luxus-Hotels und Boutiquen vorbei, bis ich wieder vor dem Bahnhof stand.

Ich betrat das Café. Unser Platz in der Ecke war leer. Da sah ich Elisabeth **am anderen Ende** des Cafés. Sie **kam gerade** von der Toilette.

Schnell setzte ich mich auf meinen Stuhl, nahm das Telefon aus meiner Hosentasche und schaute auf den Bildschirm.

„Sorry", sagte Elisabeth. „Es hat ein bisschen länger gedauert."

„Mmh?", sagte ich und schaute von dem Bildschirm auf. „Ich habe nichts **bemerkt**."

„Kommst du gut zurecht mit dem Telefon?", fragte sie.

„Ja", sagte ich. „Du hast Recht. Es ist wirklich sehr **praktisch**."

„Siehst du?", sagte sie. „Du hast dort alles, was du brauchst: Kamera, Internet, **Adressbuch**, Email und natürlich eine Uhr!" Sie grinste.

„Apropos", sagte ich und legte die Uhrenschachtel auf den Tisch. „Das ist für dich!"

Sie hob die **Augenbrauen**, öffnete die Schachtel und nahm die Uhr heraus. „Oh, wow! Dino!", rief sie.

„**Gefällt sie dir**?", fragte ich.

„Wunderschön!", sagte sie und zog die Uhr über ihr **Handgelenk**. „Sehr minimalistisch. Danke!" Sie lehnte sich über den Tisch und gab mir einen **Kuss**.

„**Gern geschehen**", sagte ich und lächelte.

Dann sagte sie: „Ich hoffe, die Uhr war nicht zu teuer."

„Keine Sorge!", sagte ich und grinste. „Ich habe einen guten Deal gemacht."

~

hatte .. übrig: had ... left | fehlte: lacked | bereits: already | winkte: waved | gekauft: bought | Kopf hoch!: Chin up! | Überraschung: surprise | bestellte: ordered | Mineralwasser: sparkling water | Plastiktüte: plastic bag | Rückseite: back | gebürstet: brushed | dünn: thin | leicht: light | Gerät: device | Gib ... ein!: Enter ...! | tat: did | Meldung: notification | daneben: next to it | Häh?: Huh? | wahrscheinlich: probably | automatisch: automatically | verknüpft: linked | zurückschreiben: write back | beklagen: complain | Ich muss mal für kleine Mädchen.: I have to use the restroom. | überlegte: deliberated | verfassen: compose | fehlende: missing | schuldet mir : owes me | Summe: sum | nicht jeden Tag: not every day | schickte: sent | Zwinkersmiley: winking smiley | noch immer: still | hetzte: rushed | riss ... auf: tore ... open | heftig: violently | schepperte: rattled | schnaufend: panting | Tüte: bag | schnappte: swooped up | am anderen Ende: at the other end | kam gerade: was just coming | bemerkt: noticed | praktisch: convenient | Adressbuch: address book | Augenbrauen: eyebrows | Gefällt sie dir?: Do you like it? | Handgelenk: wrist | Kuss: kiss | Gern geschehen!: My pleasure!

 **Übung**

1. Dino hat ... übrig.

a) 299 Franken und 34 Rappen

b) 295 Franken und 34 Rappen

c) 295 Franken und 32 Rappen

2. Elisabeth und Dino trinken ... in einem Café.

a) Mineralwasser

b) Kaffee

c) heiße Schokolade

3. Elisabeth gibt Dino ...

a) eine Uhr

b) ein Smartphone

c) ein Mineralwasser

4. Dino bekommt eine ... von Alfredo.

a) SMS

b) E-Mail

c) Instant Message

5. Was bedeutet der Satz: „Ich muss mal für kleine Mädchen."?

a) „Ich muss auf die Toilette."

b) „Ich muss mich schminken."

c) „Ich bin hungrig."

6. Dino erzählt Alfredo ...

a) von der Rettung aus dem Schutzraum

b) von der Wanderung auf dem Uetliberg

c) von der Uhr und den fehlenden Franken

7. Alfredo überweist ... ein bisschen Geld.

a) sofort

b) am nächsten Tag

c) in der nächsten Woche

8. Dino rennt schnell zurück ...

a) zu Tante Vrenis Villa

b) zum Uhrenladen

c) zum Bahnhof

9. Beinahe vergisst er ...

a) sein neues Telefon

b) sein Portemonnaie

c) seine Bankkarte

10. Elisabeth gefällt die Uhr ...

a) gar nicht

b) ziemlich gut

c) sehr gut

10. Baklava

~

Als wir die Haustür der Villa öffneten, hörten wir Stimmen. Wir nahmen unsere **Mäntel** ab und gingen ins Wohnzimmer. Dort saßen Tante Vreni und ein Mann mit einem **Stoppelbart**.

Sie stand sofort auf und rief: „Kinder! Es tut mir so leid!"

„W...was ist passiert?", fragte Elisabeth.

„Herr Rahimi hat mir alles erzählt", sagte sie. **„Ihr Armen!"** Der Mann stand ebenfalls auf und sagte: „Wie geht es euch?"

„Ich verstehe nicht ...", sagte ich.

„Schutzraum", sagte Herr Rahimi und lächelte.

„Moment!", sagte Elisabeth. „Ich erkenne Ihre Stimme wieder. Sie haben für uns die Polizei gerufen, nicht wahr?"

Der Mann nickte und sagte: „Ich wohne **neben-an.**" Ich schüttelte seine Hand. „Vielen Dank!", sagte ich. „Eine Minute länger und ich **wäre verrückt geworden!**"

„Was für ein Glück, dass Herr Rahimi euch gehört hat!", sagte Tante Vreni. „Ich habe euch doch gesagt, die Tür ist defekt!"

„Ja", sagte Elisabeth. „Sorry."

„Es war **meine Schuld!**", sagte ich. „Ich habe das Lexikon bewegt."

„Ach, Kinder!", rief Tante Vreni. „Was für eine Aufregung! Ich bin gerade erst zurückgekommen!"

„Hast du das Problem mit dem Klienten **gelöst?**", fragte Elisabeth.

„Ja", sagte ihre Tante und seufzte. „Nach **stundenlang**en Diskussionen. Aber genug davon! Herr Rahimi hat **afghanische** Baklava **mitgebracht**. Möchtet ihr probieren?"

Wir setzten uns auf die Sofas und aßen das süße **Gebäck.**

„Lecker!", sagte ich.

„Hausgemacht", sagte Herr Rahimi und lächelte.

„Von Ihrer Frau?", fragte Elisabeth. Herr Rahimi schüttelte den Kopf und schaute auf den Boden.

„Herr Rahimi ist alleine in die Schweiz gekommen", erklärte Tante Vreni. „Seine Frau und die vier Kinder sind in Kabul geblieben."

„Fünf", sagte Herr Rahimi und wischte eine **Träne** aus seinen Augen. „Meine Frau hat **vor ein paar Tagen** ein kleines Mädchen **zur Welt gebracht.**"

„Warum ist Ihre Familie nicht hier in der Schweiz?", fragte ich.

„**Bürokratie**", sagte Herr Rahimi und schüttelte

den Kopf.

„**Solange** das **Asylverfahren** nicht **abgeschlossen** ist, haben Flüchtlinge in der Schweiz kein **Recht auf Familiennachzug**", erklärte Tante Vreni. „Und so ein Verfahren kann sehr lange dauern."

„Wie lange sind Sie schon in der Schweiz?", fragte ich.

„Acht Monate", sagte er.

Wir saßen still um den Tisch herum. Nach einer Weile sagte Elisabeth: „Apropos Familie. Wo ist eigentlich Annabel?"

„**Frag mich bloß nicht!**", sagte Tante Vreni und machte eine **Handbewegung**.

„**Wieso?**", sagte Elisabeth.

„Das ist eine längere Geschichte", sagte sie.

„Entschuldigung", **unterbrach** Herr Rahimi. „Ich muss gehen. Ich habe einen **Termin** bei der **Ausländerbehörde**." Er stand auf und verabschiedete sich.

„Vielen Dank noch einmal!", sagte Tante Vreni und **brachte ihn zur Tür**.

„**Nicht der Rede wert**", sagte Herr Rahimi und

lächelte.

„Sehr netter Mann", sagte Elisabeth, als Tante Vreni ins Wohnzimmer zurückkam. „Kennst du ihn schon länger?"

„Ich helfe den Flüchtlingen **manchmal** mit dem **Papierkram**", sagte Vreni. „Das ist alles so schrecklich kompliziert."

„Und wo ist Annabel?", fragte ich.

„Ah", sagte Vreni. „Ja, genau. Heute morgen habe ich sie angerufen. Ich wollte ihr zum Geburtstag gratulieren. Und da sagt sie mir, dass sie in Zürich ist! Ich wusste nichts davon — sonst hätte ich etwas vorbereitet! Also gut, wir treffen uns in einem Restaurant in der Innenstadt und sie erscheint mit **ungekämmt**en Haaren und einer **Fahne**. Und dann sagt sie zu mir: ‚Mama, ich brauche Geld!'"

„Das ist nicht dein Ernst!", sagte Elisabeth.

„Wieso?", fragte Tante Vreni. „Wollte sie auch Geld von dir?"

„Nicht von mir", sagte Elisabeth. „Aber Dino hat ihr **gestern Abend** etwas **geliehen**."

Tante Vreni schüttelte den Kopf und seufzte. Dann schaute sie mich an und sagte: „Wie viel?"

„Ähm, 700 Franken", sagte ich.

Tante Vreni warf die Hände über das Gesicht und rief: „Dieses Kind! Sie **bringt mich um!**"

„Es ist **nicht so schlimm**", sagte ich. „Ich kann auch noch ein paar Tage warten"

„Dino", sagte Tante Vreni und stand auf. „Das Geld wirst du nie wiedersehen! **Jedenfalls** nicht von ihr."

Sie holte ihre **Handtasche** und nahm ihr Portemonnaie heraus. Während sie **vierzehn** 50-Franken-**Scheine** auf den Tisch legte, schaute Elisabeth auf ihr Telefon und sagte: „Ich glaube es nicht!" Sie zeigte uns ein Foto von Annabel **am Strand**, mit einem Cocktail in der Hand. „Sie ist jetzt in Monaco?!"

„Ich weiß", sagte Tante Vreni und legte ihr Portemonnaie zurück in die Handtasche. „Sie wollte Geld von mir für ein Flugticket. Angeblich hat sie dort ein **Bewerbungsgespräch**. Aber ich weiß nie, wann sie die **Wahrheit** erzählt und wann sie **lügt!**"

„Studiert sie nicht mehr?", fragte Elisabeth.

Tante Vreni lachte und sagte: „Ihr **BWL-Studium** hat sie vor acht Monaten **abgebrochen**. Dann hat sie eine **Ausbildung** zur Eventmanagerin begonnen. Aber jetzt ist das alles plötzlich langweilig. Was soll ich bloß mit ihr machen? Dieses Kind!"

„Und was sagt ihr Vater zu **alldem**?", fragte Elisabeth und biss in ein Baklava.

„Nichts", sagte Vreni. „Der wohnt jetzt in Los Angeles mit seiner Swetlana. Jeden Monat überweist er 2000 Dollar für Annabel. **Ansonsten existiert** sie für ihn **nicht**."

„Das tut mir leid", sagte ich.

„**Wisst ihr was**?", sagte Tante Vreni. „Meine Mutter hat immer gesagt: ,*Klaineh Kinder, klaineh Fraiden; groisseh Kinder, groisseh Laiden.*'"

Elisabeth **schmunzelte**. „Was bedeutet das?", fragte ich.

„Das ist **Jiddisch**", sagte Tante Vreni. „Es bedeutet: ,Kleine Kinder, kleine **Freuden**. Große Kinder, große **Leiden**.' Aber lasst uns nicht mehr darüber reden! Ich **schulde euch** noch immer ein **Abendes-sen.** Habt ihr Hunger?"

Elisabeth und ich nickten. „**Wie wäre es mit** Schnitzel und Röschti?", sagte Tante Vreni. „Aber dieses Mal hole *ich* den Wein aus dem Keller!"

~

Mäntel: coats | **Stoppelbart:** stubbly beard | **Ihr Armen!:** Poor you! [pl.] | **nebenan:** next door | **wäre verrückt geworden:** would have gone crazy | **meine Schuld:** my fault | **gelöst:** solved | **stundenlang:** for hours on end | **afghanisch:** Afghan | **mitgebracht:** brought | **Gebäck:** pastry | **Träne:** tear | **vor ein paar Tagen:** a few days ago | **zur Welt gebracht:** brought into this world | **Bürokratie:** bureaucracy | **solange:** as long as | **Asylverfahren:** asylum procedure | **abgeschlossen:** completed | **Recht auf:** right to | **Familiennachzug:** family reunion | **Frag mich bloß nicht!:** Don't ask! | **Handbewegung:** hand movement | **Wieso?:** Why? | **unterbrach:** interrupted | **Termin:** meeting | **Ausländerbehörde:** foreigners' registration office | **brachte ihn zur Tür:** saw him to the door | **Nicht der Rede wert.:** Don't mention it. | **manchmal:** sometimes | **Papierkram:** paperwork | **ungekämmt:** unkempt | **Fahne:** smell of booze (from the mouth) | **gestern Abend:** last night | **geliehen:** lent | **bringt mich um:** is killing me | **nicht so schlimm:** not so bad | **jedenfalls:** at least | **Handtasche:** hand

145

bag | **vierzehn**: fourteen | **Scheine**: bills/notes | **am Strand**: at the beach | **Bewerbungsgespräch**: job interview | **Wahrheit**: truth | **lügt**: is lying | **BWL-Studium**: business administration studies | **abgebrochen**: dropped out | **Ausbildung**: training [apprenticeship] | **alldem**: all that | **ansonsten**: apart from that | **existiert nicht**: doesn't exist | **Wisst ihr was?**: You know what? [pl.] | **schmunzelte**: smirked | **Jiddisch**: Yiddish | **Freuden**: joys | **Leiden**: sorrows | **(ich) schulde euch**: (I) owe you | **Abendessen**: dinner | **Wie wäre es mit ...?**: How about ...?

Übung

1. Im Wohnzimmer sitzen ...

a) Tante Vreni und Annabel

b) Tante Vreni und Herr Rahimi

c) Annabel und Herr Rahimi

2. Warum erkennt Elisabeth Herr Rahimis Stimme?

a) Sie hat seine Stimme im Radio gehört.

b) Sie hat ein Video mit ihm gesehen.

c) Sie hat seine Stimme im Schutzraum gehört.

3. Was ist Baklava?

a) süßes Gebäck

b) salziges Gebäck

c) eine Art Marzipan

4. Herr Rahimi hat ... Kinder.

a) vier

b) fünf

c) sechs

5. Warum ist seine Familie nicht in der Schweiz?

a) Er kann das Flugticket nicht bezahlen.

b) Es ist zu kalt in der Schweiz.

c) Sein Asylverfahren ist nicht abgeschlossen.

6. Tante Vreni hilft den Flüchtlingen manchmal …

a) mit Essen und Kleidung

b) mit Papierkram

c) mit Geld

7. Annabel hat ihre Mutter … getroffen.

a) in der Villa

b) in einem Café

c) in einem Restaurant

8. Tante Vreni gibt Dino …

a) das Geld zurück

b) einen Kaffee

c) ein neues Handy

9. Wo ist Annabel jetzt?

a) in England

b) in Monaco

c) in Basel

10. Annabel hat ihr BWL-Studium ...

a) beendet

b) noch nicht beendet

c) abgebrochen

11. Die Ausbildung zur Eventmanagerin findet sie ...

a) sehr interessant

b) in Ordnung

c) langweilig

12. Annabels Vater wohnt in ...

a) Los Angeles

b) New York

c) Basel

13. Jeden Monat ...

a) besucht er Annabel

b) überweist er 2000 Dollar

c) besucht Annabel ihn

Answer Key/Lösungen

1. a, b, c, b, a, c, b, c
2. c, b, c, c, b, a, c, a, a, c, a, a, b, c
3. c, a, a, b, b, c, b, c, b, a
4. c, b, a, a, c, b, c, a, a, b
5. c, a, b, a, c, b, b, a, a, a
6. a, b, a, a, b, a, c, a, b, a
7. c, b, c, b, a, b, a, c, b, a, b
8. b, c, b, a, b, a, b
9. b, a, b, c, a, c, a, b, c, c
10. b, c, a, b, c, b, c, a, b, c, c, a, b

About the Author

 **André Klein** was born in Germany, grew up in Sweden and Thailand and currently lives in Israel. He has been teaching languages for more than 15 years and is the author of various short stories, picture books and non-fiction works in English and German.

Website: andreklein.net
Twitter: twitter.com/barrencode
Blog: learnoutlive.com/blog

Get Free News & Updates

Visit the link below to sign up for free updates about new and upcoming books, discounts, German learning tactics, tools, tips and much more.

learnoutlive.com/german-newsletter

———

We're also on Facebook and Twitter:

Search for „learnoutlive german books"

Ready For Your Next German Learning Adventure With Dino?

Zurück in Zürich is the eighth episode of a whole series of exciting German short stories for beginners. Follow our protagonist to Frankfurt, Cologne, Munich, Zurich, Vienna and many other cities! Before you know it, you'll have travelled half of Europe and picked up more German than years' worth of expensive courses.

1. Café in Berlin
2. Ferien in Frankfurt
3. Karneval in Köln
4. Momente in München
5. Ahoi aus Hamburg
6. Plötzlich in Palermo
7. Walzer in Wien
8. Zurück in Zürich
9. Digital in Dresden
10. Schlamassel in Stuttgart

All books are available on Amazon, Kindle, Apple Books, Kobo, Barnes & Noble, Book Depository or as direct downloads from books.learnoutlive.com

Acknowledgements

Special thanks to Dr Simon Matravers, Rosie Albright and Eti Shani.

This book is an independent production. Did you find any typos or broken links? Send an email to the author at andre@learnoutlive.com and if your suggestion makes it into the next edition, your name will be mentioned here.

You Might Also Like ...

Experience the Dino lernt Deutsch series on your stereo or headphones, at home or on the go. Narrated by the author with special emphasis on comprehension practice and pronunciation, these audiobooks are designed for an immersive experience.

available on Audible, Apple Books and as MP3
more info: books.learnoutlive.com/audio

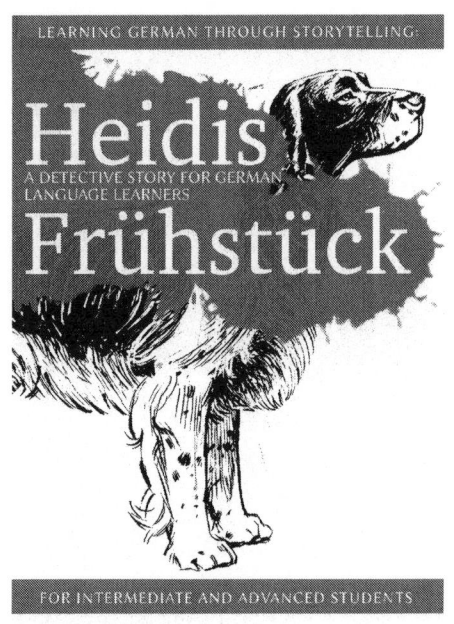

When a loyal family dog comes upon a human ear in its feeding dish one morning, the police is notified immediately, but due to a sudden change in staff, the investigation proceeds only haltingly.

available as paperback and ebook

This collector's edition comprises the first five episodes of the popular "Baumgartner & Momsen" crime and mystery series for intermediate and advanced German learners: Mord am Morgen, Die Dritte Hand, Des Spielers Tod, Zum Bärenhaus and Heidis Frühstück.

available as paperback and ebook

LEARNING GERMAN THROUGH STORYTELLING:

Zum

A DETECTIVE STORY FOR GERMAN
LANGUAGE LEARNERS

Bärenhaus

FOR INTERMEDIATE AND ADVANCED STUDENTS

In the local zoo a corpse is found in the Panda enclos-
ure. How did it get there? Was it an accident or ruthless
murder? Help Kommissar Baumgartner and his
colleague Katharina Momsen solve this case and
improve your German effortlessly!

available as paperback and ebook edition

LEARN GERMAN
WITH STORIES:

COMPLETE EDITION

ASCHKALON

THE INTERACTIVE
FANTASY ADVENTURE
FOR GERMAN LEARNERS

This interactive adventure ebook for German learners puts you, the reader, at the heart of the action. Boost your grammar by engaging in sword fights, improve your conversation skills by interacting with interesting people and enhance your vocabulary while exploring forests and dungeons.

available as ebook edition

Thank you for supporting independent publishing.

learnoutlive.com

Printed in Great Britain
by Amazon

62724087R00093